Raum für Stille – Raum für dich

Amber Hatch

Raum für **stille** Raum für dich

Der achtsame Weg zu innerem Gleichgewicht und mehr Gelassenheit

Aus dem Englischen übersetzt
von Anita Krätzer

Lotos

Die Originalausgabe erschien 2017 unter dem Titel
The Art of Silence im Verlag Piatkus, an imprint of
Little Brown Book Group, London, Great Britain.

MIX
Papier aus verantwortungsvollen Quellen
FSC® C014889
FSC www.fsc.org

Verlagsgruppe Random House FSC® N001967.
Lotos Verlag

Lotos ist ein Verlag der Verlagsgruppe Random House GmbH.
ISBN 978-3-7787-8282-8
1. Auflage 2018

Redaktion: Angelika Holdau
Einbandgestaltung: Guter Punkt, München, unter Verwendung
von Motiven von © loliputa/thinkstock (Blumen)
© Nottomanv1/thinkstock (Aquarell)
© ValentynVolkov/thinkstock (Papier)
Satz: Satzwerk Huber, Germering
Druck und Bindung: Friedrich Pustet, Regensburg
www.ansata-integral-lotos.de

All jenen gewidmet,
die spüren, dass die Antwort
nicht im *Mehr* liegt.

Inhaltsverzeichnis

Einleitung

Was ist Stille?

Wir wissen alle, was Stille bedeutet. Aber wie viele von uns haben sie schon erfahren? Im Wörterbuch steht, Stille sei die völlige Abwesenheit von Geräuschen. Aber wie können wir solch eine Lautlosigkeit erreichen? Überall um uns herum sind Geräusche. Sie werden in Form von Schwingungen durch die Luft (oder andere Medien) übertragen, die dann wiederum unsere Trommelfelle in Schwingungen versetzen und von unserem Gehirn bestimmten Geräuschen zugeordnet werden. Wir leben nicht in einem Vakuum (glücklicherweise, weil wir sehr schnell sterben würden, wenn das der Fall wäre) und sind daher ständig von einem gewissen Geräuschpegel umgeben. Es scheint daher nahezu unmöglich zu sein, wirkliche Stille zu erleben.

Da echte Stille ein unerreichbarer Idealzustand ist, neigen wir dazu, den Begriff in einer etwas weniger genauen Bedeutung zu verwenden, eben realistischer. Wir können sagen, dass eine »praktikable Stille« einen relativen Zustand darstellt: Für uns ist es ruhig, wenn es bedeutend ruhiger ist, als wir es gewohnt sind. Ich vermute mal, dass sich die meisten Menschen, die nach diesem Buch greifen, nicht nach tatsächlicher Lautlosigkeit sehnen, also nach der vollständigen Abwesenheit von Geräuschen. Wenn jemand das Bedürfnis danach hätte, könnte sie oder er sich für den Preis dieses Buches ein ordentliches Paar Ohrstöpsel kaufen. Ich glaube, dass sich die meisten von uns etwas wünschen, das etwas komplexer und subtiler ist. Wir wollen etwas von dem Wesen der Stille einfangen.

Wenn wir Stille auf diese Weise verstehen, dann kann man sie in der tiefsten Nacht, in der feierlichen Stimmung einer Andachtsstätte, in der Mitte eines Getreidefeldes oder am Ende einer Rede vor dem Einsetzen des Applauses finden.

Stille nimmt in unserer Vorstellungswelt einen weit reichhaltigeren Platz ein als einfach nur die Abwesenheit von Geräuschen. Stille deutet auf etwas Ganzes und Besonderes hin – auf etwas Ehrfurchtgebietendes, ja, Heiliges. Stille ist die Quelle einer tieferen Kraft und ein spezieller Ort des Schweigens, der Ruhe und des Friedens.

Akustische Überlastung – und warum sie uns schadet

Die meisten von uns werden in ihrem Alltagsleben von akustischen und optischen Reizen überflutet. Im Moment sitze ich gerade in meinem »ruhigen Zimmer«, um zu schreiben. Ich höre meine Katze auf meinem Schoß schnurren, wie sich die Bauarbeiter vom Nachbarhaus unterhalten, die Kinder unten im Haus miteinander streiten, das Durcheinanderpurzeln der Legosteine, jemanden husten, eine Polizeisirene, Autoverkehr, meinen Atem, das Anschlagen der Tasten meines Laptops, einen Automotor aufheulen, das Klingeln eines Telefons, Schritte auf der Treppe zu mir nach oben, das Tschilpen von Spatzen, das Rascheln von Kleidung, den Gesang von Kindern, einen Pressluftbohrer, den Wind in den Blättern, mein Schlucken, das Gurren einer Taube, das Knarren von Dielen, ein über uns hinwegfliegendes Flugzeug, das Schneiden von Gemüse, eine zuschlagende Tür, weißes Rauschen und noch einen aufheulenden Automotor.

Diese Geräusche kommen und gehen im Laufe von wenigen Minuten. Manche sind lauter als andere und überdecken die leiseren. Manche sind so leise oder vielleicht auch so vertraut, dass ich sie erst nach mehreren Minuten aufmerksamen Lauschens wahrnehme. Selbst wenn wir uns dessen nicht vollständig bewusst sind, können all diese Geräusche unsere Aufmerksamkeit ablenken.

Es gibt auch Geräusche, die nicht ständig zu hören sind, nach denen wir aber lauschen. Diese möglichen Geräusche können sogar noch stärker ablenken. Eventuell erwarten wir, dass ein Baby schreit, es an der Tür klopft oder das Telefon klingelt. Das Gefühl, man könne jeden Augenblick unterbrochen werden, kann es uns unmöglich machen, uns wirklich zu konzentrieren, weil unsere Gedanken dann ständig vom gegenwärtigen Moment und von dem, was wir gerade tun, zu dem erwarteten Ereignis abschweifen. Wenn dann noch ein Gefühl der Irritation hinzukommt, führt das zu noch mehr Ablenkung, die oft erheblich größer ist als die Unterbrechung selbst.

Wir leben in einem Zeitalter der Information und der Kommunikation, was zu einem Übermaß an akustischen und visuellen Reizen führt. Wir sind so daran gewöhnt, mit Lärm und Reizen bombardiert zu werden, dass wir uns möglicherweise einsam oder gelangweilt fühlen, wenn daran ein Mangel herrscht. Darum drehen wir das Radio auf, wenn wir mit dem Auto unterwegs sind, treiben in unserer Freizeit Sport oder handwerkeln oder sehen unsere E-Mails durch, während wir im Supermarkt in der Schlange stehen. Das Problem besteht darin, dass wir uns, weil wir so oft auf Reize aus sind, schließlich in einer Situation befinden, in der wir offenbar keine Pause mehr davon machen können. Die Gesellschaft erwartet von uns, dass wir bei den Nachrichten, unseren E-Mails, den sozialen Medien, der Mode und der herrschenden

Meinung stets auf dem Laufenden sind. Wenn wir nicht aufpassen, können wir von den ständig auf uns einströmenden Reizen überwältigt werden.

In einer Welt der Informationen, in der wir von allen Seiten mit Botschaften und Daten überschwemmt werden, überlebt nur der Stärkste. Um Aufmerksamkeit zu erlangen, müssen Botschaften sowohl im Wortsinn als auch im übertragenen Sinn lauter und schriller sein als andere. Unternehmen, Wohltätigkeitsorganisationen, Institutionen und andere Firmen pumpen immer mehr Geld in ihre Werbung, um ihre Botschaften rüberzubringen. Die sozialen Medien, E-Mails und unsere mobilen Kommunikationsgeräte überschütten uns mit dringenden Nachrichten, Texten, Zustandsbeschreibungen und anderen Informationen von Freunden, Verwandten, Kollegen und natürlich Unternehmen. Die Unterscheidung zwischen Öffentlichem und Privatem hat sich durch die sozialen Medien verwischt. Unsere Aufmerksamkeit wird nicht nur durch direkt an uns gerichtete Botschaften beansprucht. Auch die Unterhaltungen zwischen anderen Menschen erscheinen regelmäßig in unseren Eingangsnachrichten. Es kann schwierig sein, sich von Diskussionen abzuwenden, die im Grunde nichts mit uns zu tun haben. Anzeigen pflastern nicht nur unsere Zeitungen, Transportmittel, Gebäude und das gesamte Straßenbild, sondern auch die von uns besuchten Websites und die Seiten der sozialen Medien.

Manchmal sind sie auch in unserer E-Mail-Eingangspost zu finden. Unternehmen suchen sich uns mit zunehmender Raffinesse als Zielgruppe aus, um unsere Daten zu sammeln und auszuwerten. Außerdem versehen wir unsere Handys, Tablets, Uhren und andere Geräte bewusst mit Alarmsignalen und Klingeltönen, damit sie uns darauf aufmerksam machen, wenn wir reagieren oder etwas tun müssen.

All das geschieht, bevor wir an die Menschen um uns herum wie unsere Kollegen, Kinder, Partner, Klienten und Kunden, Freunde und Bekannten oder an die Mitreisenden in öffentlichen Verkehrsmitteln oder die Verkäufer in Geschäften auch nur gedacht haben. Wir müssen täglich zahllose Interaktionen bewältigen. Das kann besonders dann der Fall sein, wenn wir in einer dicht besiedelten Stadt wohnen. Unser Tag kann aus einem scheinbar nie enden wollenden Kreislauf aus Unterhaltungen, Anfragen, Anweisungen, Aufträgen und höflichen Floskeln bestehen.

Ob wir uns nun dessen bewusst sind oder nicht – wir sichten ständig die auf uns einprasselnde Datenflut, ordnen die Geräusche und Signale den korrekten Kategorien zu, bewerten sie und stufen sie nach Prioritäten ein. Die geistige Energie, die erforderlich ist, um all dies zu tun, kann uns ihren Tribut abverlangen; unsere Ressourcen nehmen ständig ab, und unsere Fähigkeit, über alles den Überblick zu behalten, leidet. Wir sind wie ein Kleinkind im Eiscafé, das sich nicht für eine Geschmacksrichtung entscheiden kann und schließlich von der riesigen Auswahl derart überfordert ist, dass es in Tränen ausbricht.

Die Folge dieser Überreizung ist, dass wir am Ende unter Stress leiden. Stress wird durch den sogenannten Angriff-oder-Flucht-Reflex erzeugt, einen natürlichen Reaktionsmechanismus des Körpers, um sich gegen beängstigende oder bedrohliche Situationen zu wappnen. Der Körper bereitet uns darauf vor zu handeln, indem er eine ganze Palette von unterschiedlichen Prozessen auslöst. Dazu gehören unter anderem die Anspannung unserer Muskeln, die Beschleunigung unserer Herz- und Lungenfunktion, der Anstieg des Blutdrucks, die Einstellung der Verdauung, die Erhöhung der Durchblutung bestimmter Körperbereiche und die Drosselung der Blutzufuhr in anderen Bereichen.

In unserer modernen Welt kommen wir nicht oft in eine Situation, in der es sich empfiehlt, wegzulaufen oder stehen zu bleiben und uns körperlich zu verteidigen. Doch der Angriff-oder-Flucht-Reflex ist die Art, wie unser Körper auf alle wahrgenommenen Bedrohungen reagiert, auch auf psychische. Darum schaltet unser Körper jedes Mal in den Notfallmodus um, wenn wir eine schockierende Schlagzeile lesen, unsere Brieftasche nicht finden können, einen unangemeldeten Anruf entgegennehmen oder in den sozialen Medien kritisiert werden. Kurz gesagt, es passiert sehr häufig.

Das Problem daran ist, dass unser Körper nicht dafür geschaffen ist, ständig auf Hochtouren zu laufen. Wenn das der Fall ist, kann es passieren, dass wir unter chronischem Stress leiden. Das ist nicht zuletzt deshalb eine schlechte Nachricht, weil Stress alle häufigen Todesursachen wie Herz- und Lungenerkrankungen, Krebs und Leberzirrhose fördert. Stress setzt unser Immunsystem außer Gefecht und macht uns für die üblichen Virusinfektionen empfänglich. Er lässt uns ängstlich und depressiv werden und senkt nachweislich unsere Lebenserwartung. Und einmal abgesehen von allem anderen fühlt sich Stress nicht sonderlich gut an.

Die gute Nachricht lautet, dass Stress nicht unvermeidbar ist. Zum einen gibt es Dinge, die wir tun können, um Stress vorzubeugen. Außerdem können wir lernen, wie wir Stress loslassen können, wenn er sich aufbaut. Statt ständig in den Angriff-oder-Flucht-Reflex zu verfallen, können wir den Körper dazu animieren, in einen Entspannungsmodus umzuschalten. Entspannung verlangsamt den Herzschlag und die Atmung, senkt den Blutdruck und verringert die Muskelanspannung. Wenn wir entspannt sind, genießen wir das Leben mehr. Es fühlt sich gut an.

Wir alle wissen das, also warum ist es so schwer für uns zu entspannen? Für die meisten Menschen lautet die Antwort, dass einfach zu viel los ist. Stille ist eine Strategie, die wir anwenden können, um die Dinge ins Lot zu bringen.

»Ich denke nicht ...«
»Dann solltest du auch nicht reden«,
sagte der Hutmacher.

LEWIS CARROLL: *Alice im Wunderland*

Worin besteht die Kunst der Stille?

Wir erkennen möglicherweise, dass unser Leben zu hektisch und zu laut ist und dass wir ein wenig mehr Frieden hineinbringen müssen. Vielleicht wollen wir die Dinge langsamer angehen oder einfach nur lernen, wie wir ruhigere Phasen, die wir bereits haben, optimal nutzen können. Wir wollen am Geist der Stille teilhaben, weil wir intuitiv wissen, dass ein Mehr – mehr Dinge oder mehr Trubel – nicht zu einer größeren Zufriedenheit führt.

Die Vorstellung von Stille kann uns helfen, das Gleichgewicht dieser verrückten, chaotischen Welt, in der wir leben, wieder herzustellen. Sie kann uns den Raum geben, den wir benötigen, um es unserem Körper und unserem Geist zu erlauben, sich zu entspannen, sodass wir zu dem rundum gesunden Menschen werden können, der wir gerne sein wollen.

Stille ist eine Lebensstrategie.

Es gibt drei sehr kraftvolle Wege, durch die wir die Macht der Stille nutzen und mehr von ihr in unser Leben bringen können:

Eine ruhigere Umgebung erzeugen. Wir können unser Umfeld verändern, indem wir Zeit an ruhigeren Orten verbringen und Dinge tun, die eine beruhigende Wirkung haben. Diese Maßnahmen schaffen die Bedingungen, um Stille zu ermöglichen.

Friedliche Beziehungen pflegen. Die Art, wie wir mit den Menschen um uns herum interagieren, hat einen immensen Einfluss auf unsere Lebensqualität. Wir können in unsere Unterhaltungen und unser Zusammenleben mit anderen Frieden bringen. Dies ist eine Möglichkeit, unsere Stille zu leben.

Innere Stille entwickeln. Indem wir in diesem Bewusstsein handeln, können wir lernen, wie wir ein Gefühl innerer Stille gewinnen können. Davon können wir unabhängig von den gerade herrschenden äußeren Umständen zehren.

Dieses Buch ist in drei Abschnitte unterteilt und beleuchtet jeden dieser Ansätze daraufhin, inwiefern er mehr Stille in unser Leben bringt. Die einzelnen Abschnitte sind in Unterkapitel gegliedert, in denen die verschiedenen Aspekte des Konzepts näher erörtert werden. An manchen Stellen gibt es praktische Anleitungen, während der Text an anderen Stellen den Inhalt eher reflektiert. Eingestreut finden Sie außerdem diverse Visualisierungsübungen, Meditationen, Zitate, Gedanken und Fakten. Ich habe sie ausgesucht, um Ihnen auf diese Weise dabei zu helfen, mit der Stille Kontakt aufzunehmen.

Eine Anmerkung über Wörter

Stille bedeutet Abwesenheit von Sprache oder Wörtern. Sie fragen sich jetzt vielleicht, warum es Sinn machen soll, nach einem Buch zu greifen, das zwangsläufig voller Wörter ist, um zur Stille zu gelangen. Es ist meine Hoffnung, dass die Wörter in diesem Buch als Hinweise auf die Stille dienen, die wir erreichen können. Damit meine ich nicht die rein physikalische Stille – wenn Sie die wollen, können Sie Ohrstöpsel nehmen. Ich meine eine umfassendere Art von Stille, eine Verlangsamung, eine Reduktion von Lärm und Reizen. Diese Art von Stille zu praktizieren ist schon in sich eine Übung. Das ist es, was wir als die »Kunst der Stille« bezeichnen. Ein buddhistisches Sprichwort lautet: »Der Finger, der auf den Mond zeigt, ist nicht der Mond.« Die Wörter in diesem Buch sind nicht die Antwort, aber sie geben Ihnen möglicherweise einen Anstoß, der Sie in die Richtung führt, in die Sie gehen wollen.

ÜBUNG

Geräusche wahrnehmen

- Nehmen Sie einen Stift und ein Stück Papier, und setzen Sie sich damit hin.
- Schreiben Sie zunächst das lauteste Geräusch auf, das Sie in den folgenden Sekunden hören können.
- Notieren Sie nun die drei Geräusche, die in der Lautstärke darauf folgen.
- Lauschen Sie weiter, und vervollständigen Sie Ihre Liste mit allen anderen Geräuschen, die Sie wahrnehmen.
- Können Sie zehn weitere Geräusche ausmachen?
- Können Sie den Klang Ihrer Ohren hören? Lauschen Sie intensiv.
- Wie hört er sich an?

»Hätten wir eine klare Vision und ein Gefühl für alle Facetten des menschlichen Lebens, dann wäre das, als könnten wir das Gras wachsen und das Herz des Eichhörnchens schlagen hören, und wir würden sterben an dem Schrei, der jenseits der Stille liegt.«

George Eliot: *Middlemarch*

Ein ruhiges Umfeld schaffen

In der Stille liegt Beredsamkeit.
Halte inne beim Weben und sieh,
wie sich das Muster verschönert.

Rumi (persischer Mystiker und Dichter aus dem 13. Jahrhundert)

Bei der Suche nach Stille geht es nicht nur darum, den umgebenden Geräuschpegel abzusenken, auch wenn das ein wichtiger Teil davon sein mag. Ein Schritt in Richtung Stille kann auch die allgemeinere Absicht beinhalten, all die überflüssigen Dinge im Leben loszuwerden – etwa in Form von Besitz, Arbeitsbelastung, Medien oder Verantwortung. Denn zu viel davon führt zu Stress und Überbelastung. Jedes Mal, wenn wir mit etwas umgehen müssen, setzen wir uns der Gefahr aus, in den Angriff-oder-Flucht-Reflex zu verfallen. Selbst wenn sich die einzelnen Dinge recht einfach erledigen lassen, können sie in ihrer Summe überfordernd und belastend sein. Darum befasst sich dieser Abschnitt des Buches mit der Frage, wie sich diese Art von »Lärm« in Ihrem Leben reduzieren lässt.

Raum für Stille schaffen

Das Gefühl, den Überblick verloren zu haben, ist einer der zentralen Auslöser von Stress. Also, warum haben wir so viel um die Ohren? Uns steht täglich nur eine bestimmte Zeitspanne zur Verfügung, und es gibt eine Grenze für das, was wir in diesen Zeitraum hineinpressen können. Wir haben lediglich die Möglichkeit, uns zu beeilen. Doch sehr viele von uns haben den Eindruck, sich ständig mit ihren Aufgaben im Rückstand zu befinden. Natürlich gibt es jeden Tag eine gewisse Anzahl von Dingen, die wir tun *müssen*. Wir müssen unsere Mahlzeiten zubereiten und essen, uns vielleicht um unsere Kinder kümmern, unser Zuhause putzen und instand halten, und vermutlich müssen wir auch arbeiten. Für die meisten von uns ist es nicht möglich oder angebracht, einfach den ganzen Tag im Bett zu liegen und nichts zu tun. Viele von uns glauben allerdings, erheblich mehr als nur den Grundverpflichtungen nachkommen zu müssen, die das tägliche Leben mit sich bringt.

Zwangsläufig gibt es Zeiten in unserem Leben, in denen alles schneller gehen muss, als uns lieb ist, etwa wenn der Abgabetermin einer wichtigen Arbeit naht oder wir ein großes Ereignis wie eine Hochzeit oder einen Umzug vorbereiten müssen. Manchmal müssen wir von unseren inneren Reserven zehren, weil es sinnlos wäre, die Situation ändern zu wollen. Darüber werde ich im dritten Abschnitt dieses Buches noch mehr sagen. Wenn Sie jedoch die ganze Zeit das Gefühl haben, von einem Intercity mitgeschleift zu werden, dann sollten Sie vermutlich etwas dagegen unternehmen. Sie werden nicht imstande sein, sich einen Raum für Stille zu schaffen, wenn Sie sich ständig in der Defensive befinden.

Angesichts der Tatsache, dass Sie die Zahl der Ihnen zur Verfügung stehenden Stunden nicht ausdehnen können, bleibt Ihnen wirklich nur eine einzige Möglichkeit – und die besteht darin, die Anzahl Ihrer Aufgaben zu reduzieren. Manchmal kann es Ihnen völlig unmöglich erscheinen, etwas zu finden, das Sie zurückschrauben können. Vielleicht fühlen Sie sich derart überlastet, dass Sie sich nicht einmal die Zeit dafür nehmen, einen Schritt zurückzutreten und zu überlegen, was Sie an Ihrer Situation verbessern können. Aber selbst die kleinsten Veränderungen können eine erhebliche Auswirkung auf Ihr Stressniveau haben. Wenn Sie zwischen Ihren Aufgaben Pausen einplanen – und seien sie auch noch so kurz –, erschaffen Sie auf diese Weise kleine

Räume der Stille, die in ihr hektisches Alltagsleben einfließen. Also, wo sollten Sie beginnen?

Nehmen Sie Wichtiges wichtig – und verzichten Sie auf das Unwichtige

Investieren Sie ein wenig Zeit, um Ihren Wochenablauf zu durchdenken und zu überlegen, was wirklich wichtig für Sie ist. Dazu kann Grundlegendes gehören wie duschen oder mit dem Hund spazieren gehen, oder es kann sich um Tätigkeiten handeln, für die Sie sich gern Zeit nehmen möchten, wie gemeinsam mit den Kindern backen, ein Buch lesen oder ein Gläschen Wein mit Ihrem Partner trinken. Räumen Sie solchen Aktivitäten genug Zeit ein, damit Sie ihnen ohne Hetze nachgehen und sie genießen können? Oder quetschen Sie sie zwischen andere Aufgaben rein – wenn es Ihnen überhaupt gelingt, sich ihnen zu widmen?

Wenn Sie keine Zeit für die Dinge haben, die Ihnen am Herzen liegen, kann es nötig sein, dass Sie auf ein paar von Ihren sonstigen Aktivitäten verzichten. Möglicherweise fühlen Sie sich an bestimmte Tätigkeiten und Projekte derart gebunden, dass es Ihnen unmöglich vorkommt, sie aufzugeben. Doch eine Bestandsaufnahme ihrer gegenwärtigen Verpflichtungen kann Ihnen dabei helfen herauszufinden, ob Sie zu viel tun. Manchmal gehen wir bestimmten Dingen weiter nach, obwohl sie uns schon lange keine wirkliche Freude mehr bereiten, einfach deswegen, weil wir uns dazu moralisch verpflichtet fühlen. Es gibt andere Dinge, die wir gern tun, vielleicht werden wir aber von so vielen Aktivitäten in Anspruch genommen, dass wir uns ständig gehetzt fühlen.

Ab und zu fühlen wir uns durch Verpflichtungen eingeengt, die wir anderen zuliebe übernommen haben. Eltern verbringen oft viel Zeit damit, ihre Kinder von einem Termin zum nächsten zu fahren. Machen Ihre Kinder zu viel? Prüfen Sie, ob Sie ihre Terminkalender möglicherweise ebenfalls überladen haben.

Manchmal fällt es schwer, auf Aktivitäten zu verzichten, die zu einer bestimmen Zeit vielleicht wichtig waren, jetzt aber keine besondere Bedeutung mehr haben. Wenn Ihre Kinder beispielsweise Schwimmunterricht nehmen, ist das vielleicht nicht das ganze Jahr hindurch erforderlich. Wenn Sie ehrenamtlich für ein Projekt arbeiten, können Sie eventuell ab und zu damit pausieren.

Wenn Sie den Umfang Ihrer Tätigkeiten einschränken, bedeutet das nicht, dass Sie sie vollständig aufgeben müssen. Sie können einfach sagen: »Nein, diesmal nicht.« Oder: »Lass uns in ein paar Monaten noch einmal darüber reden.« Falls Sie ein Mensch sind, der zu allem immer Ja sagt, kann es außerordentlich wirkungsvoll sein, wenn Sie zur

Abwechslung mal Nein sagen oder »Nein, nicht jetzt«. Schon allein nur eine Tätigkeit oder Verpflichtung aufzugeben, kann Ihre Stimmung in der betreffenden Woche stark beeinflussen.

Wenn Sie mit weniger Aktivitäten beschäftigt sind, haben Sie automatisch mehr Zeit. Statt diese Zeit sofort wieder mit häuslichen Pflichten oder anderen Tätigkeiten zu füllen, können Sie sie nutzen, um Augenblicke der Stille aufsteigen lassen. Pausen geben Ihnen die Gelegenheit, die Aktivitäten, denen Sie auch weiterhin nachgehen, zu würdigen und zu genießen. Wenn Sie von einer Sache zur nächsten hasten, ist das viel schwieriger.

Psychologisch betrachtet kann Neinsagen einen Wechsel zu einer bewussteren Art zu leben bewirken. Wenn Sie Ihre Aktivitäten überdenken und sorgfältig auswählen, welchen Sie auch weiterhin nachgehen möchten, fördern Sie eine ruhige und gelassene Lebenseinstellung. Statt von den Umständen getrieben zu werden und ständig zu versuchen, Ihr Bestes zu geben, treffen Sie eine bewusste Entscheidung. Das kann zu einem Gefühl innerer Stille und Ruhe beitragen, auf das ich im dritten Teil dieses Buches noch näher eingehen werde.

ÜBUNG

Fragen, die Sie sich stellen sollten, bevor Sie Ja sagen

- Ist das wesentlich?
- Macht es mich glücklich?
- Macht es mich glücklicher, als wenn ich mich zu Hause entspanne?
- Macht es andere glücklich?
- Habe ich genug Zeit, um dieser Angelegenheit gerecht zu werden?
- Bin ich dadurch so gehetzt, dass es mir schwerfallen wird, ruhig zu bleiben?
- Muss ich das wirklich tun?

Erwartungen an das, was Sie tun »sollten«

Wir werden mit Botschaften darüber bombardiert, wie wir unser Leben führen sollten. Es wird uns gesagt, dass wir auf viele unterschiedliche Weisen unseren Spaß haben sollten. Doch der einzige Mensch, der das Ganze wirklich beurteilen kann, sind Sie selbst. Achten Sie darauf, dass Sie keine unrealistischen Erwartungen in Bezug darauf haben, was Sie alles tun können. Sonst sind Sie am Ende ständig enttäuscht, wenn Sie nicht alles schaffen, was Sie sich vorgenommen haben. Oder Sie sind ununterbrochen in Hektik, weil Sie versuchen, alles noch irgendwie in Ihren Tag reinzuquetschen.

Sie könnten zum Beispiel die tolle Idee haben, mit Ihrem Kind ein Baumhaus zu bauen oder sich im Kerzenschein ein gemütliches Bad zu gönnen. Das sind wunderbare Dinge, und es ist in Ordnung, wenn sie etwas ganz Besonderes darstellen. Sie müssen dergleichen nicht jede Woche tun. Schuldgefühle darüber, dass man seine Zeit angeblich qualitativ nicht optimal nutzt – ob für sich selbst oder mit anderen –, kann ebenfalls dazu beitragen, zu viele Verpflichtungen einzugehen.

Die Qual der Wahl

Ein Faktor, der dazu beiträgt, dass wir uns überfordert fühlen, besteht in der zu großen Auswahl. Lange Zeit hat uns die Werbung glauben lassen, dass die Möglichkeit, zwischen vielen unterschiedlichen Dingen zu wählen, etwas Gutes ist. Wir sind zu der Überzeugung gelangt, dass wir das Recht haben, bei so ziemlich allem die freie Wahl zu haben – bei der Kleidung, dem Urlaub, den Lebensmitteln (zu welcher Jahreszeit auch immer), dem Auto, bei Musik und elektronischen Geräten. Doch diese Fülle an Möglichkeiten ist in Wahrheit sehr verwirrend und belastend. Das Aussuchen kostet außerdem Zeit. Jedes Mal, wenn wir eine Entscheidung treffen müssen, verbrauchen wir zudem ein wenig geistige Energie, um herauszufinden, welche Wahl sich empfiehlt, was wir also beispielsweise essen, kochen oder uns ansehen sollten.

Sich zur Einfachheit zu bekennen, ist ein Weg, diesem Überangebot etwas entgegenzusetzen. Wenn man die Auswahl reduziert, bewirkt dies auch, dass man innerlich weniger zwischen endlosen Entscheidungsoptionen hin- und hergerissen ist. Das heißt nicht, dass uns vielfältige Angebote grundsätzlich nicht zur Verfügung stehen sollten – schließlich sind sie die »Würze des Lebens«. Aber man sollte stets sparsam würzen und nicht für jede Mahlzeit eine große Menge von Gewürzen verwenden. Zwischendurch ist es gut, dieselbe Kleidung so lange zu tragen, bis sie gewaschen werden muss. Es ist völlig in Ordnung, jeden Donnerstag Nudeln zu essen. Und Sie müssen nicht jedes Mal ein neues Haarshampoo aussuchen, wenn Ihr Vorrat zur Neige geht.

Die Dinge einfach zu halten und auf einen übermäßigen Konsum zu verzichten, führt schon nach kurzer Zeit zu einer Entlastung. Vielleicht stellen Sie darüber hinaus auch langfristige Auswirkungen fest. Sobald Sie das Bedürfnis bändigen, ständig etwas zu kaufen und Waren oder Erlebnisse zu konsumieren, stellen Sie womöglich fest, dass Sie nicht mehr so hart arbeiten und so viel Geld verdienen müssen. Oder Sie kommen zu dem Ergebnis, Ihren Haushalt zu verkleinern. Vielleicht bedeutet das, dass Sie kürzer arbeiten oder in eine Stelle wechseln, in der Sie weniger verdienen, die Ihnen jedoch mehr Freude macht. Oder Sie wollen in ein kleineres Haus oder in eine kleinere Wohnung ziehen, damit Sie weniger Zeit dafür aufwenden müssen, Ihr Eigentum und Ihr Zuhause zu pflegen und zu reinigen. All diese Veränderungen können mehr Zeit für Freiräume und Stille bereitstellen.

ÜBUNG

Erstellen Sie einen Zeitplan

Nehmen Sie ein Stück Papier und einen Stift und erstellen Sie einen einfachen Zeitplan mit allen Tätigkeiten, die Sie täglich erledigen. Nehmen Sie einen Textmarker, um die unverzichtbaren Tätigkeiten hervorzuheben. Verwenden Sie nun einen andersfarbigen Textmarker, um die Aktivitäten zu kennzeichnen, die Ihnen wirklich Freude bereiten. Überlegen Sie, ob sie das, was übrig geblieben ist, vereinfachen oder reduzieren können.

Überflüssiges ausmisten

Eine Möglichkeit, Ihr Leben zu vereinfachen, besteht darin, die Anzahl der Gegenstände in Ihren vier Wänden zu reduzieren. Wenn beispielsweise Ihre Kleiderschränke überquellen, müssen Sie jedes Mal, wenn Sie Ihre Schranktüren öffnen, schwierige Entscheidungen darüber treffen, was Sie anziehen sollen. Doch wenn Sie Ihre Garderobe auf wenige vielseitig einsetzbare, qualitativ hochwertige Kleidungsstücke beschränken, können Sie schnell und sicher auswählen, was Sie tragen wollen. Ich habe festgestellt, dass ich dazu neige, mir zum Ausgleich viele mittelmäßige Sachen anzuschaffen, wenn ich keine Kleidungsstücke habe, die ich ganz besonders mag – als würde Quantität die Qualität ersetzen können. Das kann sie nicht.

Viel von dem Zeug, mit dem wir uns umgeben, steht für nicht beendete Arbeiten oder nicht getroffene Entscheidungen, zum Beispiel unausgefüllte Papiere, nicht fertiggestellte Handarbeitsprojekte, nicht in Angriff genommene handwerkliche Tätigkeiten, Geschenke, die uns nie wirklich gefallen haben, und lauter Kleinkram, den wir aufheben, weil wir ihn irgendwann vielleicht doch noch mal gebrauchen könnten. Das Problem an derartigen Sachen ist, dass sie wie eine Art visuelle To-do-Liste an uns zerren. Es ist eine Form von Lärm, der ständig im Hintergrund vor sich hinbrummt, unsere Aufmerksamkeit schwächt und es uns erschwert, klar zu hören oder zu denken.

In dem Sog nach immer mehr können wir leicht untergehen. Wenn Sie jedoch Schritte einleiten, um ihre Verantwortlichkeiten und Verpflichtungen zu reduzieren und Ihr Umfeld aufzuräumen, kann das Ihre Lebensqualität enorm beeinflussen. Dann stellen Sie möglicherweise fest, dass Sie zwischen Ihren einzelnen Aktivitäten Zeit haben, um durchzuatmen. Wenn es Ihnen gelungen ist, ihren Krempel ein wenig zu entrümpeln, werden Sie hoffentlich merken, dass sich alles, was Sie besitzen, nun erheblich leichter putzen, instand halten, finden und damit auch benutzen lässt.

Natürlich habe ich hier nur ein paar Ideen gestreift; die Vereinfachung des Umfelds und der eigenen Zeitplanung könnten jeweils ein ganzes Buch füllen. Der springende Punkt dabei ist, dass Sie, wenn Sie den Gedanken der Einfachheit aufgreifen, einen ersten Vorgeschmack davon bekommen können, was Stille Ihnen zu bieten hat.

Es ist wirklich nicht so schwer, etwas mehr Raum in Ihrem Leben zu schaffen. Allerdings geht das nur, wenn Sie es wirklich wollen. Es kann sein, dass wir vor und nach einer Tätigkeit nur ein paar Augenblicke Zeit haben, und wenn wir der Stille keine Priorität einräumen, werden diese kurzen Momente leicht von der nächsten Aktivität vereinnahmt. Wenn wir es der Stille aber erlauben, die Lücken auszufüllen, können wir diese Pausen – selbst wenn sie sehr kurz sind – dazu verwenden, wieder in den gegenwärtigen Augenblick zurückzukommen, in uns zu gehen und das, was geschieht, zu würdigen. Je mehr wir feststellen, dass wir die Stille genießen und sie für uns nutzen, desto einfacher wird es für uns, sie in unser Leben zu integrieren.

ÜBUNG

Machen Sie jede Woche einen Spaziergang

Überlegen Sie, wann Sie es jede Woche zeitlich einrichten können, einen Spaziergang zu machen, der nur Ihrem Vergnügen dient. Gehen Sie allein und ohne irgendeine bestimmte Absicht. Nutzen Sie Ihren Spaziergang nicht als Gelegenheit, schnell in irgendwelche Geschäfte reinzuschauen.

Es muss kein langer Spaziergang sein. Es reichen 20 bis 30 Minuten oder auch nur 10 Minuten, wenn Sie nicht mehr Zeit haben. Tragen Sie sich die Zeit, zu der Sie den Spaziergang machen werden, in Ihren Termin- oder Taschenkalender ein, und lassen Sie, wenn der betreffende Zeitpunkt gekommen ist, keine Ausreden gelten. Lassen Sie Ihr Mobiltelefon zu Hause, oder schalten Sie es in den Flugzeugmodus; dann brechen Sie auf.

Vielleicht haben Sie sich vorher eine Route überlegt, aber fixieren Sie sich nicht darauf. Nutzen Sie die Gelegenheit, spontan zu sein. Gehen Sie langsam. Sie müssen keine bestimmte Entfernung zurücklegen. Sehen Sie sich an, was um Sie herum ist, während Sie gehen. Seien Sie neugierig auf das, was Sie unterwegs möglicherweise entdecken.

Der Griff zum Mobiltelefon

Wenn wir es uns nicht zur Aufgabe machen, sie zu bewahren, verschwinden die von uns geschaffenen Freiräume genauso schnell wieder, wie wir sie errichtet haben. Eine der größten Bedrohungen für die Momente der Stille sind Bildschirme. Sobald wir eine freie Minute haben, erliegen wir leicht der Versuchung, einen Blick auf Tablet oder Handy zu werfen und den Freiraum sofort wieder auszufüllen.

Wenn wir uns heutzutage in einen öffentlichen Raum wie einen Bahnhof, eine Universität oder einen Park begeben, fällt auf, wie viele Menschen ihre Mobiltelefone benutzen. Viele verwenden sie als Uhr, was bedeutet, dass es zur Angewohnheit, ja, sogar zum Tick wird, ständig einen Blick darauf zu werfen. Das Problem dabei ist, dass wir außer der Zeit auch noch alles andere überprüfen. Oft gewinnt man den Eindruck, dass die Mehrheit der Menschen ihr Mobiltelefon ständig am Ohr hat oder es in der Hand hält und draufschaut. Ein oder zwei Mal habe ich mich im Bus zu den Fahrgästen hinter mir umgedreht – um festzustellen, dass jeder einzelne von ihnen gerade sein Mobiltelefon benutzte.

Wie hätte diese Szene vor zwanzig Jahren ausgesehen? Vermutlich hätten sich einige Fahrgäste miteinander unterhalten, ein paar hätten ein Buch oder eine Zeitung gelesen, und andere wiederum hätten vor sich hin oder aus dem Fenster geschaut.

Das soll nicht heißen, dass derartige Aktivitäten in irgendeiner Weise besser wären, als über Geräte zu kommunizieren. In vielerlei Hinsicht hat unsere Fähigkeit, jederzeit miteinander in Kontakt zu treten, positive Veränderungen bewirkt. Dennoch scheint heutzutage ein gewisses Unbehagen in Hinblick darauf zu herrschen, allein und tatenlos zu sein. Man sieht nur selten Menschen, die wirklich ganz für sich allein sind. Offenbar müssen wir ständig aktiv sein und bevorzugt mit jemand anderem in Verbindung stehen. Vielleicht reden wir uns ein, dass es angesichts der Tatsache, dass wir so viel um die Ohren haben, Sinn macht, jene ansonsten »vergeudeten« Momente dafür zu nutzen, unsere Nachrichten durchzusehen. Möglicherweise machen wir das jedoch in Wirklichkeit nur, weil wir Angst davor haben, nichts zu tun zu haben.

Was genau ist so furchterregend daran, tatenlos zu sein? Wir befürchten, uns zu langweilen. Und uns wurde ständig eingeredet, dass Langeweile etwas Unerträgliches sei. Doch was genau ist Langeweile? Vielleicht ist sie lediglich ein Widerstand dagegen, zu erfahren, wie es ist, ganz wir selbst zu sein. Wir befinden uns also in einer Art Konflikt: Einerseits haben wir Angst davor, uns zu langweilen, wenn wir nichts zu tun haben; andererseits sehnen wir uns nach ein wenig Erholung von der ständigen Reizüberflutung und den Anforderungen der Gesellschaft.

Wir fragen uns, wie wir zu mehr Stille gelangen können. Aber vielleicht besteht die Wahrheit darin, dass die Stille bereits da ist, wir nur einfach nicht wissen, wie wir sie annehmen sollen.

Still, Seele mein, und lass mich fühlen,
dass auch in der lärmenden Städte Dichte
dein Friede ausgeharret hat in des Trubels Mühlen.
Der Mensch kann ihn nicht erschaffen
und nicht machen zunichte.

Gib mir den Willen, mich nicht zu plagen
noch zu schrei'n;
die Kraft, auch andere zu spüren!
Mach mich ganz ruhig und lass mich sein,
bis ich gelernt, mein Leben intensiv zu führen.

MATTHEW ARNOLD: *Lines Written in Kensington Gardens*

Bei vielen von uns ist der Blick auf die eingegangenen Nachrichten geradezu zur Sucht geworden. Möglicherweise ist es das Erste, was Sie nach dem Aufwachen tun. Vielleicht legen Sie Ihr Mobiltelefon sogar neben das Bett. Wenn jemand sein Handy bei Freunden liegengelassen hat, löst das große Bestürzung aus, und wenn es in eine Pfütze gefallen ist oder gestohlen wurde, kann das einen außerordentlich hohen Stresspegel zur Folge haben.

Inzwischen stützen wir uns in solch einem hohen Maß auf unser Mobiltelefon, dass es schlicht sinnlos ist vorzuschlagen, seinen Gebrauch einzuschränken. Es kann unhöflich wirken und unproduktiv sein, Nachrichten unbeantwortet zu lassen, und die eigene Arbeit könnte darunter leiden. Allerdings glaube ich, dass wir ein wenig disziplinierter mit unseren Nachrichten umgehen können. Wenn Sie jede Nachricht immer sofort beantworten, wird genau das auch künftig von Ihnen erwartet, und dann werden Sie nie in der Lage sein abzuschalten.

Nur Sie selbst können einschätzen, inwieweit die Verwendung Ihres Mobiltelefons sinnvoll für Sie ist. Manche Menschen, die ich kenne, tragen ihr Mobiltelefon stets bei sich, haben es auf dem Tisch vor sich liegen oder sind sogar ständig über Ohrstöpsel mit ihm verbunden. Wenn Sie feststellen, dass Sie in kurzen Abständen immer wieder einen Blick auf Ihr Mobiltelefon werfen, hilft Ihnen vielleicht eine einfache Faustregel dabei (etwa die, es vor dem Essen stets wegzulegen), sich an einigen Feierabenden zurückzuziehen und Zeit für ruhige Momente zu nehmen.

Selbst wenn Sie den Eindruck haben, dass Sie lediglich auf die Nachrichten anderer reagieren, sollten Sie prüfen, wie sehr Sie zur Explosion der Kommunikation beitragen. Im vergangenen Jahr bin ich für zehn Tage in Klausur gegangen. Während dieser

Phase waren keine Mobiltelefone erlaubt. Als ich von der Klausur zurückkam und mein Mobiltelefon anschaltete, waren inzwischen wie erwartet mehrere Hundert Nachrichten eingetroffen. Während ich sie durchscrollte, bemerkte ich jedoch, dass die meisten von ihnen an den ersten zwei Tagen geschickt worden waren. Gegen Ende meiner Klausur hatte sich die Zahl der Nachrichten verringert. Das war mir eine gute Lehre: Viele der Nachrichten, die ich erhalte, werden von mir provoziert. Wenn ich aufhöre, Nachrichten zu verschicken, dauert es nicht lange, bis auch die eintreffenden Nachrichten versiegen.

Erbauliche Dinge tun

Wenn wir uns mehr Zeit für Stille einräumen möchten, werden wir feststellen, dass uns die ständige Beschäftigung mit unseren elektronischen Geräten davon abhält, Stille in unser Leben einkehren zu lassen. Wenn wir unnötigerweise und ohne wirklich darüber nachzudenken fortlaufend unsere Nachrichten in den sozialen Medien checken, weisen wir die Stille zurück. Das bedeutet auch, dass wir die Vorteile zurückweisen, die uns Stille bringen kann: die Möglichkeit zu entspannen, Augenblicke der Dankbarkeit sowie Zeit, um eine kritische Bestandsaufnahme zu machen, ins Gleichgewicht zu kommen und uns zu regenerieren. Also, wie können wir uns von Handy, Tablet & Co. entwöhnen? Eine Möglichkeit besteht darin, dass wir strikt darauf achten, nicht ständig unsere Nachrichten durchzusehen und selbst welche zu versenden. Eine zweite Möglichkeit ist es, uns darum zu bemühen, unsere Zeit mit Dingen zu verbringen, die uns guttun und zur Ruhe bringen.

Das soll natürlich nicht heißen, dass ich dafür plädiere, dass Sie sich plötzlich zu unzähligen Aktivitäten verpflichten und Ihren Terminkalender unrealistisch vollstopfen. Ich möchte Ihnen nur vorschlagen, sich ab und zu für wohltuende, gesundheitsförderliche Dinge zu entscheiden, wenn Sie gerade überlegen, was sie tun sollen. Statt also beispielsweise beim nächsten Einkauf diverse Geschäfte zu durchkämmen, könnten Sie das aufschieben und dafür eine Aktivität wählen, die Ihnen wirklich guttut.

Zeit in der Natur verbringen

Die Natur ist ein sehr geeigneter Ort, um sich das Wesen der Stille zu erschließen. Indem wir Zeit in der Natur verbringen, öffnen wir uns einen Raum fernab von allen Anforderungen des modernen Lebens. Wir befreien uns von der ständigen Reizüberflutung. Indem wir uns entspannen, stärken wir zugleich unseren inneren Ort der Stille. Aus diesem Grund fühlen wir uns auch weiterhin entspannt, wenn wir nach einem Spaziergang im Park an unsere Arbeit zurückkehren – zumindest für eine Weile. Auch wenn wir vielleicht davon träumen, an einem Strand auf einer einsamen Insel oder an einem ruhigen Flussufer zu relaxen, müssen wir möglicherweise gar nicht so weit in die Ferne schweifen. Es könnte sein, dass die Bedeutung, die wir exotischen

Reisezielen oder ländlichen Rückzugsorten beimessen, in Wahrheit eine Entschuldigung dafür ist, nicht nach einem geeigneten Ort in unserer Nähe zu suchen.

ÜBUNG

Ein Baum in der Nachbarschaft

Wo auch immer Sie sich gerade befinden – nehmen Sie sich einen Augenblick Zeit, um sich umzublicken und zu überlegen, wo der nächste Baum ist. Besuchen Sie ihn, wenn Sie können. Wenn er sich auf einem für Sie nicht zugänglichen Grundstück befindet, beispielsweise im Garten des Nachbarn, dann wählen Sie einen anderen Baum, den Sie erreichen können.

Lernen Sie den Baum kennen. Legen Sie die Hand auf seine Rinde, und fühlen Sie die Struktur unter Ihren Fingern. Riechen Sie an der Rinde. Lösen sich Rindenteile unter Ihren Fingern? Wie sind die Äste beschaffen? Welche Form haben sie? Sind sie dick oder dünn, stark oder dürr und brüchig? Können Sie Markierungen oder Schnittstellen bzw. andere Verletzungen des Baumes sehen? Hat der Baum Blätter? Wenn ja, was sind das für Blätter? Sind sie noch jung und frisch, oder sind sie am Ende ihres Lebenszyklus angekommen und werden bald abgeworfen? Welche Farben haben die Blätter? Halten Sie die Blätter an Ihr Ohr, und reiben Sie sie sanft zwischen den Fingern. Wie hören sie sich an?

Atmen Sie tief durch, während Sie neben dem Baum stehen. Machen Sie sich bewusst, wie Sauerstoff und CO_2 zwischen Ihnen und dem Baum ausgetauscht werden. Blicken Sie auf den Boden. Nehmen Sie wahr, wie die Wurzeln des Baumes in die Erde hineinwachsen und den Baum an seinem Platz verankern, damit er sicher und stabil stehen kann und mit Nährstoffen versorgt wird. Machen Sie sich klar, wie letztlich alle Teile unseres Körpers in die Erde übergehen – unsere Haare und Hautzellen, die wir während unseres Lebens ständig verlieren, und schließlich der Rest unseres Körpers nach unserem Tod.

Wenn wir innehalten und uns die Zeit nehmen, uns umzuschauen, stellen wir in der Regel fest, dass wir ein Stück Natur in Reichweite haben. Vielleicht ist kein weitläufiges Moorgebiet oder kein zerklüfteter Berggipfel in der Nähe, aber selbst in den belebtesten Städten können wir Parks, von Bäumen gesäumte Wege, Gärten und naturbelassene kleine Fleckchen Erde finden.

Es kann sein, dass die Grünräume in Ihrer Nähe von Stadtplanern gestaltet wurden und sorgfältig gepflegt und bewacht werden. Vielleicht hat sich die Natur aber auch ein unbebautes Stückchen Erde in Ihrer Gegend zurückerobert, etwa ein verwildertes Grundstück oder eine stillgelegte Bahntrasse. Wie oft nehmen wir uns die Zeit, um durch solche Fleckchen Natur zu laufen? Wie wäre es, inmitten des Grüns einmal stehen zu bleiben und sich ins Gras zu setzen oder sich zwischen die Bäume zu stellen? Vielleicht führt Sie eine kleine Änderung ihrer normalen Strecke zum Einkaufen oder zur Bus- oder Bahnhaltestelle über einen »wilderen« Weg. Oder Sie kommen bereits durch Grünzonen, nehmen sich aber nicht wirklich die Zeit, sie wahrzunehmen.

Durch den Stadtteil, in dem ich wohne, fließt ein Fluss, und in der Nähe gibt es einige Feuchtgebiete. Ein intensiv genutzter Fußweg führt in die Innenstadt. Er verläuft durch ein Moor und überquert dann über eine Fußgängerbrücke den Fluss. Altmodische Straßenlaternen säumen ihn. Ich laufe und radele diesen Weg gemeinsam mit Tausenden anderer Pendler regelmäßig entlang. Vor Kurzem bin ich zufällig einen anderen Fußweg in der Nähe gegangen. Von dort aus konnte ich die zahlreichen Radler und Fußgänger sehen, die den Hauptweg benutzten. Das Schilf des Moores verdeckte den festen Boden. Die goldene Nachmittagssonne erstrahlte hinter den Passanten und ließ sie wie Silhouetten wirken. Und während ich die sich in beide Richtungen bewegenden Menschenströme beobachtete, schoss mir plötzlich der Gedanke durch den Kopf, dass sich diese Szene auch vor 150 Jahren hätte ereignen können. Das Moor selbst war zeitlos, und die alten Straßenlaternen verliehen dem Ganzen eine viktorianische Atmosphäre.

Wenn wir innehalten und eine Szene mit neuen Augen betrachten, kann sich uns etwas eröffnen, und das sich uns darbietende Bild kann überraschend anders wirken – selbst wenn es uns sehr vertraut ist. Dieser spezielle Abschnitt des Weges in der Nähe meines Hauses ist ein gutes Beispiel dafür. Einen Großteil der Zeit ist der Weg einfach langweilig – eine monotone Strecke, die man auf dem Weg zu einem anderen Ort zurücklegen muss. Zu anderen Zeiten – vor allem, wenn die Flut ungewöhnlich hoch steht, Nebel über dem Schilf liegt oder der Weißdorn gerade aufgeblüht ist – werde ich aus irgendeinem Grund dazu animiert, mir den Weg genauer anzuschauen, und ich bin jedes Mal von seiner schlichten Schönheit beeindruckt. In solchen Momenten wird mir klar, wie viel es zu sehen gibt, wenn wir uns nur die Zeit dafür nehmen.

Ha, welche Lust im unwegsamen Walde,
Welch ein Entzücken an dem öden Strand!
Gesellschaft gibt's dort auf des Meeres Halde
Und Tanzmusik in seiner Wogen Brand.
Ich werde nicht den Menschen abgewandt,
Doch mit Natur vertrauter in den Stunden,
Wo abgestreift jed' irdisch Thun und Band
Ich ganz und tief mich mit dem All verbunden
Und was unsagbar ist, und sichtbar
doch, empfunden.

George Gordon Noël Byron: *Ritter Harold's Pilgerfahrt*

Frei zugängliche Wälder

Es tut uns allen gut, hinauszugehen und die Natur zu genießen. Wir bemerken, dass »frische Luft« wohltuend, stärkend und verjüngend wirkt. Wir sind gerne im Freien. Dies ist besonders dann der Fall, wenn wir mit der Absicht rausgehen, das, was uns die Natur bietet, zu würdigen, indem wir beispielsweise einen Spaziergang machen oder ein Sonnenbad im Garten nehmen.

Wir wissen alle, dass es für Kinder gesund ist, draußen zu spielen – und zwar nicht, weil es uns selbst eine Pause von ihnen gönnt. Pädagogen verstehen zunehmend, wie wichtig es für Kinder ist, an der frischen Luft und in der Natur zu sein. Abenteuerspielplätze beispielsweise tragen diesem Umstand immer mehr Rechnung. Die Forest School im Vereinigten Königreich vertritt die Auffassung, dass Kinder, die in einem natürlichen Umfeld – etwa auf einem bewaldeten Gelände – das spielen dürfen, was sie wollen, auf natürliche Weise Selbstbewusstsein entwickeln, was ihre Leistungen in allen Lebensbereichen fördern kann.

Unabhängig vom Alter kann man auch ohne vorgegebenen äußeren Rahmen Zeit unter freiem Himmel verbringen. Die Forest School hat viel dazu beigetragen zu zeigen, welchen Nutzen das Spielen im Freien für Kinder in einer technologischen Welt hat, in der sich unser Leben hauptsächlich drinnen abspielt. Das ist ein Weg, diese kostbare Ressource zu bewahren. Doch wir benötigen keine formellen Qualifikationen oder speziellen Zeitfenster, um nach draußen zu gehen. Es ist wichtig, dass wir nicht das Gefühl haben, ohne irgendein Training könnten wir nicht rausgehen.

So wie Kinder nicht auf die Forest School gehen müssen, um draußen spielen zu können, müssen Erwachsene nicht an irgendeiner großartigen oder komplizierten Aktivität teilnehmen, um an der frischen Luft zu sein. Eine Wanderung oder eine Kanufahrt kann eine wunderbare Erfahrung sein, aber wir können auf eine viel einfachere, leichter umsetzbare Weise in der freien Natur sein: Wir können einfach nach draußen gehen. Das können wir zur Entspannung tun, oder wir nehmen die Arbeit mit raus, die wir normalerweise drinnen erledigen.

Weil so viele von uns im Büro oder in anderen geschlossenen Räumlichkeiten arbeiten, bedeutet der Aufenthalt im Freien oft Freizeit und Entspannung. Die freie Natur ist für uns ein Ort, um nach mehr Stille zu suchen. Allerdings müssen wir draußen nicht untätig herumsitzen, um den natürlichen Frieden zu erfahren, den man in der Natur finden kann. Aktivitäten wie Gartenarbeit, Zeichnen oder Malen, Spielen mit Kindern oder handwerkliche Tätigkeiten lassen sich auch draußen ausführen. Teilweise ist das sogar erforderlich. Manchmal fühlen sich diese Aktivitäten wie Arbeit an, manchmal erleben wir sie als das reinste Vergnügen. In anderen Fällen kann es uns, wenn wir draußen sind und die der Natur innewohnende Stille genießen, helfen, bei unserer Arbeit Freude zu empfinden.

Natürlich ist es in der Natur nur selten (wenn überhaupt) im physikalischen Sinne still. Aber der »Lärm« in der Natur ist normalerweise die Art von Geräuschkulisse, die keine Forderungen an uns stellt. Der Wind, die Vögel, das Plätschern des Wassers – all das sind die Geräusche einer Welt, in der alles auch ohne unser Zutun harmonisch und reibungslos läuft. Wir müssen nichts damit machen oder uns eine Meinung darüber bilden. Wie später noch ausgeführt, muss selbst von Menschen erzeugter Lärm wie Bau-, Verkehrs- oder Fluglärm das Gefühl der Stille nicht unbedingt beeinträchtigen, wenn man die richtige Geisteshaltung hat. Solange uns diese Geräusche nicht direkt betreffen oder unser Einschreiten erfordern, gibt es für uns keine Notwendigkeit, sie anders wahrzunehmen als beispielsweise die Vögel, die ihrem Geschäft nachgehen.

VISUALISIERUNG

Unter dem Weidenbaum

Stellen Sie sich vor, dass Sie über eine Wiese gehen. Im goldenen Licht der Sonne trägt der sanfte Wind Insekten und Pusteblumensamen über die Wildblumen hinweg, wobei die Flügel der Insekten das Licht reflektieren. Sie wissen, wohin Sie gehen, aber Sie haben keine Eile. Sie können Ihren Zielort vor sich sehen – eine grasbewachsene Erhebung unter einem Baum. Ihre Füße bahnen sich einen Pfad durch das raschelnd zur Seite schwingende Gras. Grillen springen zur Seite und nehmen ihr Zirpen anderswo wieder auf.

Nun nähern Sie sich dem Platz. Sie sehen den Fluss hinter der grasbedeckten Böschung. Zahllose Insekten schwirren über der spiegelglatten dunklen Oberfläche, und das rotgesichtige Sumpfhuhn, durch Ihre plötzliche Anwesenheit aufgeschreckt, springt ins Wasser und erzeugt eine sich kräuselnde Furche auf dessen Oberfläche. Sie sind bereits vorher hier gewesen. Das Gras ist warm, trocken und elastisch. Es gibt leicht nach, als Sie sich hinsetzen.

Sie ziehen Ihre Schuhe aus und stopfen die Socken hinein. Die Gräser fühlen sich wunderbar an und kitzeln die Sohlen Ihrer Füße. Nun legen Sie sich auf den Rücken und strecken sich aus. Eine Weide dehnt sich über Ihnen aus und legt einen gesprenkelten Schatten auf Sie. Zwischen den grün-goldenen Blättern sind kleine Fetzen des blauen Himmels zu sehen. Über Ihnen ziehen noch mehr Pusteblumensamen vorbei. Manchmal schweben sie ganz waagerecht, als seien sie mitten in der Luft aufgehängt, manchmal sind sie in unsichtbaren Luftwirbeln gefangen, die von Libellen und anderen Insekten erzeugt werden.

Sie schließen die Augen, und der schwache Geruch von warmem Schlamm steigt Ihnen in die Nase. Grashalme piksen Ihnen in die Arme, als Sie diese über Kreuz unter den Kopf legen. Sie hören das Plätschern des Wassers, das gleichförmig in Richtung Meer fließt. Das Surren und Brummen der Insekten war die ganze Zeit schon da, aber nun gestatten Sie den Geräuschen, Ihre Ohren zu füllen, bis Sie nichts anderes mehr hören können. Dann lassen Sie die Geräusche leiser werden und lenken Ihre Aufmerksamkeit auf das leichte Rascheln der Blätter im sanften Wind.

Die Muskeln Ihrer Arme und Beine beginnen sich zu entspannen. Der Boden scheint sich Ihnen entgegenzustrecken, um Ihren Körper in seiner gesamten Länge zu stützen und behutsam zu halten, und Sie scheinen tiefer in das Gras einzusinken. Ihr nun ruhig und leicht fließender Atem verlangsamt sich.

Bleiben Sie einige Zeit hier liegen und lauschen Sie den Geräuschen.

Den Müßiggang pflegen

Hinaus in die Natur zu gehen ist nicht die einzige Möglichkeit, mehr Stille in Ihr Leben zu bringen. Andere Aktivitäten können dafür genauso gut oder sogar noch besser sein. Unterschiedliche Menschen finden auf ganz unterschiedliche Weise Erfüllung, allerdings trifft es häufig zu, dass uns Aktivitäten, die ruhige, konzentrierte Aufmerksamkeit von uns verlangen, große Befriedigung schenken. Manche Menschen haben besondere Freude am Handwerken oder am Spielen eines Instruments, das ebenfalls handwerkliche Geschicklichkeit erfordert und Können mit Kreativität verbindet.

Auch Hobbys wie Stricken, Schreinern, Malen, Backen oder Gärtnern können wunderbare Formen einer stillen, ruhigen Betätigung sein. Indem wir unsere Aufmerksamkeit auf solche Beschäftigungen lenken, widmen wir ruhiger Konzentration unsere Zeit. Wenn Sie ein lebhaftes Familienleben haben, können Sie möglicherweise nicht viel Zeit auf Ihre Lieblingsaktivitäten verwenden. Aber Sie können dieses Element ruhiger Gelassenheit in andere Tätigkeiten einbringen. Diese müssen nicht im eigentlichen Sinne »ruhig« sein, um Sie das Wesen der Stille spüren zu lassen. Vielleicht können Sie sich dem ausgelassenen Fangen-Spiel Ihrer Kinder anschließen. Es ist nicht leise, aber indem Sie aus vollem Herzen mitmachen, ohne dabei die ganze Zeit noch an andere Aufgaben zu denken, können Sie möglicherweise etwas von dem Geist der Einfachheit und Stille erleben.

Andere Menschen machen die Erfahrung, dass sie ihren Geist durch Sport regenerieren können. Zum Sport gehören Konzentration und auch ein gewisses Maß an Herausforderung. Manche Sportarten sind sicherlich nicht ruhig und leise, doch weil wir zuweilen ganz von ihnen beansprucht werden, wirken sie sich dennoch beruhigend und erfrischend auf unser Gemüt aus.

All diesen Aktivitäten ist gemeinsam, dass wir uns vollständig in sie vertiefen. Während wir ihnen nachgehen, vergessen wir uns selbst und andere Ablenkungen. Unser Geist fokussiert sich und ist wach. Manche Menschen bezeichnen diesen Zustand als »Flow«. Beschäftigungen, die eine gewisse Herausforderung für uns darstellen und von uns verlangen, eine bestimmte Fähigkeit auszubilden, damit wir diese Herausforderung meistern, binden unsere Aufmerksamkeit mit großer Wahrscheinlichkeit. Auch wenn dies keine Stille im strengen Sinne sein mag – indem wir unseren Geist nur auf eine angenehme Tätigkeit konzentrieren, verhindern wir, dass wir uns von einer Reihe anderer lärmender Aufgaben und Gedanken vereinnahmen lassen.

Ausruhen ist keine Faulheit,
und zuweilen an einem Sommertag
unter Bäumen im Gras zu liegen und dem Rauschen
des Wassers zu lauschen oder die am Himmel
vorbeiziehenden Wolken zu beobachten ist
keinesfalls Zeitverschwendung.

JOHN LUBBOCK: *Vom Nutzen des Lebens*

Abgeschiedenheit suchen

Wir haben uns angesehen, wie ein Aufenthalt in der Natur uns bei unserer Suche nach Stille helfen kann. Unsere Umwelt kann eine beträchtliche Auswirkung darauf haben, wie wir uns fühlen und verhalten. Dabei kann es sich um Kleinigkeiten handeln, die uns beeinflussen, etwa ob ein Fenster geöffnet ist oder nicht, oder auch um Begebenheiten von größerer Tragweite.

Im Verlauf der Menschheitsgeschichte sind Pioniere bis ans andere Ende der Welt vorgedrungen, um die Grenzen ihrer Umgebung zu erkunden. Ein Streben nach Extremen beinhaltet oft, dass man gesellschaftlichen Annehmlichkeiten den Rücken kehrt und sich in neue Bereiche vorwagt, wo Stille das Unbekannte repräsentiert. In den stillen Räumen an den entlegensten Orten der Welt lösen wir uns von den üblichen Strukturen und Rahmenbedingungen der Zivilisation. Wenn Entdecker die natürlichen Grenzen infrage stellten – in den Tiefen der Ozeane, auf den Spitzen der Berge oder mitten in der Wüste –, haben sie zugleich nicht nur ihre körperlichen Fähigkeiten erprobt, sondern auch ihre mentale Ausdauer. Ebenso stellt uns eine Reise zu den Extremen der physischen Welt auch vor enorme psychische Anforderungen, weil wir das Vertraute verlassen und neue Pfade beschreiten.

In vielen Gesellschaften ist das Wandern lange eine Tradition gewesen, um den Übergang von der Jugend zum Erwachsensein zu markieren. Zu den Traditionen der australischen Aborigines gehört die Praxis der Buschwanderung, bei der der heranwachsende Mann einige Wochen oder Monate im Outback verbringt, um mehr über das Land und seine Vorfahren zu lernen. Ähnliche Wanderungen und Übergangsriten lassen sich bei den amerikanischen Indianern und anderen Indigenen finden.

Wanderlust scheint allen Menschen gemeinsam zu sein, doch in unserer modernen zivilisierten Welt ist es schwer, seinen Abenteuerhunger zu stillen. Westliche Teenager versuchen vielleicht, ihre Sehnsucht danach, zu reisen, in der Zeit zwischen Schule und Studium oder in den Ferien zu erfüllen. Aber wegen der Allgegenwart von Internet und Mobiltelefon vermittelt uns Reisen heute nicht mehr in dem Maß das Gefühl, weg von Zuhause zu sein und abzuschalten, wie es früher der Fall war.

Es ist inzwischen schwer, Stille zu finden. Von den heutigen Reisenden – vor allem den jungen – wird erwartet, dass sie in viel engerem Kontakt mit ihren

Familien und Freunden bleiben. Durch die sozialen Medien lässt sich die Kommunikation selbst dann aufrechterhalten, wenn sich die Freunde auf der anderen Seite des Erdballs befinden. Die Machbarkeit des unabhängigen Reisens ist durch Online-Fahrpläne und Hotelbuchungs-Websites viel einfacher geworden. Vor noch nicht allzu langer Zeit mussten sich Rucksacktouristen auf Reisehandbücher, Mundpropaganda und ein gutes Stück Glück verlassen, um Strecken im Ausland erfolgreich zurückzulegen. Heutzutage können Reisende vor ihrem Reiseantritt die gesamte Route planen und buchen. Wenn sie dann unterwegs Vereinbarungen ändern müssen, steht ihnen überall problemlos WLAN zur Verfügung. Daher haben die fraglosen Vorteile der modernen Technologie auch dazu geführt, dass etwas vom Wesen des Abenteuers verloren gegangen ist.

All das bedeutet, dass sich diejenigen, die auf der Suche nach Einsamkeit und Stille sind, erheblich mehr anstrengen und mehr Hürden überwinden müssen, um noch Rückzugsmöglichkeiten zu finden. Diese Suche besteht nicht einfach darin, nach einem Ort Ausschau zu halten, der einen niedrigen Geräuschpegel aufweist. Sie kann auch bedeuten, dass wir über unsere übliche soziale Infrastruktur hinausgehen. Wenn wir uns an Orte begeben, die dafür bekannt sind, dass sie einsam gelegen sind, kann uns das zu einem Überdenken unserer gesellschaftlichen Kommunikation zwingen. Nur wenn unser Leben auf ein einfaches Niveau zurückgestutzt ist, eröffnet sich uns die Möglichkeit zu erkennen, von welchen Annahmen wir im täglichen Leben ausgehen. Viele davon sind uns vielleicht nicht einmal bewusst.

Der Vorstoß ins Unbekannte muss nicht unbedingt mit monatelangem Herumwandern in der Wildnis verbunden sein. Wir können abgeschiedene, stille Räume erheblich schneller erreichen, wenn auch vielleicht auf ähnlich extreme Weise. Freizeitbeschäftigungen und Sport – und zwar besonders die extremeren Sportarten – können uns eine Gelegenheit dafür bieten, unseren normalen Lebensrahmen zu verlassen.

Ganz er selbst sein darf jeder nur,
solange er allein ist:
Wer also nicht die Einsamkeit liebt,
der liebt auch nicht die Freiheit:
Denn nur, wenn man allein ist, ist man frei.

ARTHUR SCHOPENHAUER:
Aphorismen zur Lebensweisheit

In den Tiefen des Meeres

Seit Tausenden von Jahren tauchen Menschen. Taucher sind hinter Perlen her. Die älteste bekannte natürliche Perle wurde an einer neolithischen Fundstätte in den Vereinigten Arabischen Emiraten aufgespürt und ist etwa 7.500 Jahre alt. Aus den Schriften von Homer und Platon wissen wir, dass das Tauchen nach Schwämmen im antiken Griechenland sehr beliebt war, und es wird bis heute praktiziert. Und natürlich haben die Menschen von Anbeginn an auch zur Fischjagd und zur Ernte von Algen getaucht.

Neben diesem zweckmäßigen Tauchen sind Menschen immer auch zum Vergnügen geschwommen und getaucht. Für viele besteht der Reiz des Tauchens darin, dass es die Möglichkeit bietet, »von allem wegzukommen«. Abgesehen davon, welche Wunder das Meer zu bieten hat, ist Tauchen auch wegen der Dinge etwas Besonderes, die es in der Unterwasserwelt nicht gibt: Elektrizität, Telefone, Internet, Gespräche …

Taucher müssen während ihrer sportlichen Betätigung auf Gespräche verzichten und sich stattdessen auf die Interaktion mit der sie umgebenden natürlichen Welt konzentrieren. Für die meisten ist damit ein unglaublich erfrischender Tempowechsel gegenüber ihrem Alltagsleben verbunden. Doch obwohl viele die Unterwasserwelt für still halten, ist sie in Wahrheit alles andere als das. Tauchende Vögel, krachende Wellen, ins Meer fließende Lava – unter Wasser existieren unterschiedliche Geräuschquellen. Nach Schätzungen gibt es auch über 500 Fischarten, die irgendwelche Laute ausstoßen. Doch viele dieser Laute haben eine so niedrige Frequenz, dass der Mensch sie normalerweise nicht wahrnehmen kann.

An der Oberfläche des Ozeans führen
die Menschen Kriege und vernichten einander,
aber hier unten, nur ein paar Fuß unter
der Oberfläche, herrscht Ruhe und Frieden,
ungestört von den Menschen.

JULES VERNE: *20.000 Meilen unter dem Meer*

Andere Sportarten

Tauchen ist vielleicht einmalig, weil die äußeren Bedingungen Unterhaltungen ausschließen. Doch die meisten Sportarten haben durchaus vergleichbare Eigenschaften. Häufig entsteht das Vergnügen an der physischen Betätigung durch die Körperempfindungen und eine frischere und vielleicht andersartige Sichtweise auf die Dinge. Die meisten Sportarten erfordern einen bestimmten Grad an gebündelter

Konzentration, bei der wir unseren Geist und unseren Körper auf ein einziges Ziel fokussieren. Wie bereits gesagt, bewirkt dies, dass viele laute Ablenkungen – innere und äußere – ausgeblendet werden. Interessant am Sport ist außerdem, dass er uns in einen besonderen Raum bringt – sei es draußen oder in einem speziell dafür eingerichteten Umfeld.

Der springende Punkt dabei ist jedoch, dass wir, wenn wir aufbrechen, um an einer Sportart teilzunehmen, eine Zusage dazu abgeben müssen, ob sie nun darin besteht, dass wir uns an einen bestimmten Ort begeben, die passende Kleidung tragen oder eine spezielle Ausrüstung mitbringen. Sobald wir diese Zusage gegeben haben, fällt es uns leichter, dabeizubleiben und den üblichen Unterbrechungen und Ablenkungen unseres Alltagslebens aus dem Weg zu gehen. Üblicherweise betrachten wir Sport nicht als etwas Stilles, aber tatsächlich enthält der Zustand der gebündelten Konzentration auf eine Aktivität viel von dem Wesen der Stille. Für manche Menschen macht genau das den Sport zu einem nützlichen Mittel, um mehr Frieden und Ruhe zu erreichen.

Raumfahrt

Wenn die Geheimnisse des Meeres unsere kollektive Fantasie fesseln, dann stellt die Raumfahrt vielleicht die äußerste Grenze dar. Die Menschen starren seit

Jahrtausenden staunend zu den Sternen hinauf. Der Mond ist der Inbegriff jenes stillen, einsamen, unerreichbaren Raumes und war lange die Muse von Dichtern, Philosophen und Künstlern.

Mit dem Wettlauf ins All und dem Betreten des Mondes durch Neil Armstrong im Jahre 1969 ist die Raumfahrt schließlich zur Realität geworden, wenn auch nur für einige wenige. Das Ziel, Menschen in den Weltraum und auf den Mond zu bringen, war politisch motiviert, doch es machte sich unsere angeborene Sehnsucht zunutze, unsere Umwelt zu erforschen und Grenzen zu überwinden. Während der folgenden Jahrzehnte war »Astronaut werden« für viele Kinder der Traumberuf.

Was ist es, das uns am Mond und an der Raumfahrt so fasziniert? Der Weltraum stellt eine derart unermessliche Weite dar, dass dies unseren Verstand übersteigt. Wenn wir unseren Geist auf diese unvorstellbaren Ausmaße richten, löst irgendetwas einen Prozess in uns aus. Allein schon die reine Vorstellung des Weltraums scheint unseren Geist zu weiten, sodass wir bereiter sind, uns für das zu öffnen, was er bereithält.

Natürlich werden die meisten von uns nie eine Reise in den Weltraum erleben, aber wir können uns durch Lesen, die Betrachtung von Kunst und unsere eigene Fantasie mit seiner Beschaffenheit befassen. Der Weltraum steht für eine grenzenlose, unermessliche Stille. Durch spielerische Visualisierung können wir eine Verbindung zu dieser Stille herstellen.

VISUALISIERUNG

Den Mond beobachten

Stellen Sie sich vor, dass Sie im Gras sitzen und zum Himmel emporblicken. Die Dunkelheit wird durch zahllose Sterne durchbrochen. In der Ferne sieht man ein Glühen, und ein paar blasse Wolken treiben über die dunklen Hügel. Während Sie da sitzen und alles betrachten, taucht langsam eine silbrig leuchtende Scheibe über dem Horizont auf.

Sie starren den hellen Mond an, und sein rundes Gesicht starrt zurück. Während Sie ihn beobachten, scheint der Mond zu wachsen – eine sich ausdehnende Scheibe, die mehr und mehr Raum am Himmel für sich vereinnahmt. Er dehnt sich aus, bis Sie die Krater und Berge deutlich erkennen können, die seine Oberfläche zerklüften. Ihre Augen sind auf den Mond fixiert, und Sie nehmen flüchtig wahr, dass der übrige Himmel verschwunden ist.

Nun bemerken Sie, dass Sie vom Boden abheben und zum Mond hintreiben. Es ist, als würden Sie von einem unsichtbaren Seil gezogen. Zuerst steigt Ihre Brust auf, und langsam, ohne jede Anstrengung, strecken sich Ihre Beine, und Sie werden auf Ihre Füße gezogen. Ihr Körper steigt weiter auf, während zunächst Ihre Fersen und dann Ihre Fußspitzen aus dem Gras gehoben werden. Sie fühlen sich außerordentlich leicht.

Der Mond ist jetzt so groß und so hell, dass Sie nichts anderes mehr sehen können als ihn. Sein Licht umhüllt Sie. Es ist kein warmes Licht, aber eine angenehme helle Kühle. Sie scheinen sich direkt auf das Zentrum des Lichts zuzubewegen, bis es Sie ganz umgibt – vorne, hinten, links, rechts, oben und unten. Sie befinden sich jetzt im Mond, und der Mond ist in Ihnen.

Rückzug als Lebensweg

Abgeschiedene Orte sind nicht nur für den Sport, für Abenteuer oder für politische und kommerzielle Zwecke nutzbar. Von alters her gibt es Menschen, die entlegene Orte aufsuchen, um sich selbst tiefer zu erforschen. Diese Menschen suchen nicht nach einem Nervenkitzel, aber ihre Erkundungen können genauso, wenn nicht sogar in noch höherem Maß, herausfordernd und außergewöhnlich sein. Sie reisen nicht an weit entfernte Orte, um das zu nutzen, was ihnen diese Orte selbst zu bieten haben, sondern eher wegen der Eigenschaften, die ihnen fehlen.

Die Menschheit weist eine lange Geschichte als Höhlenbewohner auf. Höhlenmalereien und andere Artefakte zeigen uns, dass Höhlen den frühen Menschen Schutz boten. In der neueren Geschichte haben Höhlen als Orte der Abgeschiedenheit gedient, in die sich Menschen vor der Gesellschaft zurückzogen, um ihr Inneres intensiver zu erforschen. Alle spirituellen Pfade scheinen Traditionen aufzuweisen, denen gemäß sich ihre Anhänger an einsiedlerische Orte zurückziehen, um äußere Ablenkungen zu meiden.

Eine moderne Einsiedlerin

Tenzin Palmo ist eine britische Nonne des tibetischen Buddhismus, die zwölf Jahre lang in einer Höhle im Himalaja lebte. Sie wurde 1943 in Hertfordshire geboren und reiste im Alter von 20 Jahren zum Studium des Buddhismus nach Indien. Nachdem sie sechs Jahre lang als einzige Nonne unter hundert Mönchen gelebt hatte, beschloss Palmo mit der Erlaubnis ihres Meisters, sich in eine Höhle im dünn besiedelten indischen Lahaul zurückzuziehen. Dort lebte sie unter außerordentlich entbehrungsreichen Bedingungen. So baute sie ihre spärliche Nahrung am Berghang selbst an und ertrug sechs bis acht Monate im Jahr mit Eis und Schnee. Drei Jahre lang meditierte sie in Schweigen und Einsamkeit. Zweimal im Jahr wurden ihr ein paar Vorräte gebracht, doch zuweilen kamen sie nicht bei ihr an.

Zunächst mag es schwerfallen, den Nutzen darin zu erkennen, auf jegliches leibliche Wohl und manchmal sogar auf die Befriedigung von Grundbedürfnissen wie Nahrung und Wärme zu verzichten. Manche mögen das für ein masochistisches Unterfangen halten, eines, das eher schädlich als hilfreich ist. Und möglicherweise ist es für viele schwer zu begreifen, welchen Vorteil derart streng eingehaltene Stille und Einsamkeit mit sich bringen kann. Tatsächlich jedoch wird die Einsiedelei oft als ein etwas egoistischer Akt betrachtet, weil man den Rückzug aus der Gesellschaft damit gleichsetzt, sich von ihr abzuwenden. Palmo war aber – ebenso wie viele andere Eremiten – ganz auf die Wohltätigkeit anderer angewiesen, von denen viele selbst nur ein niedriges Einkommen hatten, sodass man die Einsiedelei durchaus als Bürde auffassen kann.

Allerdings besteht die Aufgabe des Eremiten nicht nur in seinem eigenen spirituellen Weg und seiner eigenen Selbstentwicklung. Seine Handlungen haben auch eine Auswirkung auf die größere Gemeinschaft. Der Einsiedler, der sich einer gewaltigen Entsagung unterzogen und eine extreme persönliche Stille durchlebt hat, um sein Leben der Spiritualität zu widmen, dient anderen als Inspiration. Das Leben von Einsiedlern und Nonnen oder Mönchen ist in gewissem Grad auch für uns von Vorteil. Wir können nicht alle diesen Pfad der Abgeschiedenheit beschreiten, aber die Tatsache, dass einige von uns das tun, wirkt sich auch auf die größere Gruppe aus. Aus diesem Grund unterstützen Gemeinschaften die zu ihnen gehörenden Einsiedler bereitwillig mit Nahrung und anderen Spenden, damit diese ihre Grundbedürfnisse befriedigen können – zumindest in fernöstlichen Ländern. Eremiten werden als Leuchtfeuer verstanden, die in den Bergen aufscheinen und die Welt durch ihr Licht erhellen.

Während ihres Rückzugs, ohne die Ablenkung durch andere Menschen, widmen viele Einsiedler einen großen Teil ihrer Zeit Gebeten und Meditationen zugunsten anderer und arbeiten aktiv an ihrer Fähigkeit zu Mitgefühl. Viele Menschen halten es für grundsätzlich nützlich für die Welt, dass Eremiten während der Meditation an andere denken oder für sie beten. Andere zweifeln den Wert solcher Aktionen dagegen eher an. Doch selbst die zynischsten Menschen können verstehen, dass die persönliche Entwicklung von Einsiedlern der Gesellschaft dient, wenn oder falls sie schließlich in die Zivilisation zurückkehren.

Nachdem sie ihre Höhle verlassen hatte, widmete Palmo ihr Leben der Spendensammlung für ein neues Frauenkloster, das sie im Jahr 2000 gründete. Sie ist jetzt eine wichtige Fürsprecherin von weiblichen praktizierenden Gläubigen des tibetischen Buddhismus, denen bisher die volle Ordination verwehrt wird und die gegenüber ihren männlichen Pendants nur über begrenzte Rechte verfügen.

Nach spirituellen Lehren, die die Idee der Einsiedelei unterstützen, hat das Praktizieren von liebevoller Freundlichkeit und mitfühlenden Gebeten einen Wert an sich, unabhängig davon, ob die oder der Praktizierende dieses Mitgefühl in der Welt direkt umsetzt. Durch ihr Schweigen und ihr Alleinsein lernen Einsiedler, wie man auf der Welt sein kann, ohne sich oder anderen zu schaden. Diese Fähigkeit ist von tief greifender Bedeutung. Menschen, die es schaffen, mit der Welt in Harmonie zu leben, liefern uns ein sehr wichtiges Vorbild und dienen uns als

Inspiration. Ich werde hierauf später noch genauer eingehen.

Ich halte es für gesund, die meiste Zeit
allein zu sein. Gesellschaft, selbst mit den Besten,
wird bald langweilig und zerstreuend. Ich liebe
die Einsamkeit. Nie fand ich einen Kameraden
kameradschaftlicher als die Einsamkeit.

HENRY DAVID THOREAU:
Walden oder Leben in den Wäldern

Kürzere Retreats

Es ist nicht jedermanns Sache, jahrelang in einer Höhle zu verbringen. Wer sich lieber in kleinerem, aber dennoch bedeutsamem Rahmen dem Streben nach Stille widmen möchte, kann diese Möglichkeit in Retreat-Zentren finden. Dabei handelt es sich um Orte, die man aufsuchen kann, um für ein paar Tage oder auch länger gemeinsam, oft schweigend, zu meditieren. Die Teilnehmer erklären sich einverstanden, alle Kontakte zur Außenwelt für die Dauer ihrer Klausur einzustellen. Retreat-Zentren bieten Kurse an, die allen – auch Anfängern – offenstehen, auch mehrwöchige Retreats für fortgeschrittene Meditierende.

Retreat-Zentren liegen häufig in abgelegenen, ländlichen Gegenden, weit entfernt vom hektischen Treiben des Alltagslebens, aber sie können sich auch in nahe gelegenen Städten befinden. Obwohl eine abgeschiedene Lage es einem womöglich erleichtert, abseits des täglichen Trubels zu sein, ist die innere Einstellung des Meditierenden erheblich wichtiger als der Ort. Die Teilnahme an einer Meditationsklausur kann ein tief greifendes und lebensveränderndes Erlebnis sein, weil sie die Möglichkeit bietet, Stille auf intensive und anhaltende Weise zu erfahren.

Andere Methoden des Rückzugs

Es gibt auch Wege, mitten in unserem modernen Leben einen Eindruck von diesen extremeren Arten der Stille zu bekommen.

Der reflexionsarme Raum. Am nächsten können wir der physikalischen Stille vielleicht in einem reflexions- oder schallarmen Raum kommen. Dabei handelt es sich um einen Raum, in den keinerlei Außengeräusche dringen und dessen begrenzende Oberflächen nahezu keinen Schall reflektieren. Normalerweise umgeben einen solchen Raum eine doppelte Stahlwand und zusätzlich eine rund 30 Zentimeter dicke Betonwand. Die Innenwände sowie Decke und

Boden sind mit etwa ein Meter langen Keilen aus akustischem Dämmmaterial ausgekleidet, die der Hallabsorption dienen. Solche Kammern werden für unterschiedliche Experimente und Tests verwendet. Wenn ein Luftballon in einem reflexionsarmen Raum platzt, hört es sich eher wie ein Klicken als wie der uns vertraute laute Knall an.

Weil man keine anderen Geräusche hören kann, nimmt man in diesen Räumen die eigenen Körpergeräusche deutlich wahr. Dazu gehören Geräusche, die man erwarten würde, wie der eigene Herzschlag oder der Atem, aber auch weniger gewohnte wie das Rauschen des durch die Adern um die Ohren pulsierenden Blutes, das Geräusch der sich zusammenziehenden Gesichtsmuskeln oder der sich am Schädel reibenden Kopfhaut. Es scheint, als könnten wir nie in absoluter Stille sein, solange wir Ohren zum Hören haben.

Besucher von reflexionsarmen Räumen berichten, dass es die Wahrnehmung schärfen kann, wenn man diese Geräusche zum ersten Mal hört. Sie stellten fest, dass sie Geräuschen von Vorgängen und Prozessen in ihrem Körper aufmerksam lauschten, denen sie zuvor keinerlei Beachtung geschenkt hatten. Die Abwesenheit anderer Geräusche ermöglicht es, sich selbst zu beobachten. Wenn alle anderen Geräusche ausgesperrt sind, können sich die Besucher ganz auf ihre momentane Erfahrung konzentrieren.

Manche Menschen bemerkten allerdings, dass Geräuschlosigkeit und das Fehlen von Widerhall desorientierend wirken. Andere nahmen akustische Halluzinationen wahr, weil ihr Gehirn versuchte, das Fehlen von Geräuschen zu kompensieren.

Gefangenenkino. Der Zusammenhang zwischen Reizentzug und Halluzinationen war schon lange vor der Entwicklung von reflexionsarmen Räumen bekannt. Gefangene, die Isolation und Dunkelheit ausgesetzt waren, berichteten über das Phänomen des »Gefangenenkinos«. Dabei erscheinen Lichtvisionen in der Dunkelheit, die manchmal Formen ergeben und sich sogar zu realistischen Bildern und Gestalten zusammenfügen können. Manche Paläoanthropologen haben eine Verbindung zwischen den Mustern, die bei solchen Lichtvisionen auftauchen können, und altsteinzeitlichen Höhlenmalereien hergestellt.

Das Phänomen hat eine lange Tradition im Fernen Osten, wo Mönche des tibetischen Buddhismus sich traditionell in dunkle Klausen zurückziehen. Solche Rückzüge, die sieben Wochen oder noch erheblich länger dauern können, werden nur solchen Mönchen gestattet, die bereits ein beachtliches spirituelles Erkenntnisniveau erreicht haben. Denn mit diesem langen Aufenthalt in der Dunkelheit ist die reale Gefahr verbunden, sich von der Realität zu lösen und in eine Psychose abzugleiten.

Das Konzept des Rückzugs in die Dunkelheit als Therapie erfreut sich im Westen zunehmender Beliebtheit, und eine wachsende Anzahl von Organisationen bietet Aufenthalte in eigens dafür eingerichteten Unterkünften an. Die Räumlichkeiten sind so gestaltet, dass sich die Nutzer im Zimmer vorantasten, essen, das Bad benutzen und schlafen können – alles in absoluter Finsternis. Manche Therapeuten geben an, dass ihre dunklen Rückzugsmöglichkeiten Leiden heilen können – von Erschöpfung und Stress bis hin zu Ekzemen. Andere betonen das eher spirituelle Wesen von Klausuren und behaupten sogar, dass Astralreisen und außerkörperliche Erfahrungen gemacht werden können.

Floating. Wem sieben Tage in totaler Finsternis zu heftig sind, dem bieten Floating-Tanks eine abgespeckte Variante, die von Wellness-Zentren und ganzheitlich orientierten Kliniken zur Verfügung gestellt wird. Normalerweise verbringen die Nutzer eine Stunde im Tank, und man kann diese Erfahrung für relativ wenig Geld machen. Die Floating-Tanks sind mit konzentriertem Salzwasser gefüllt, die ein fast schwereloses Treiben an der Wasseroberfläche ermöglichen. Da die Wasser- und Lufttemperatur der Außenhauttemperatur entsprechen, fällt es nach einer gewissen Zeit schwer zu beurteilen, wo der Körper aufhört und die Luft oder das Wasser beginnt. Der Tank ist zudem gegen Licht und Geräusche abgeschirmt, sodass es letztlich zu einer Ausschaltung der Sinne kommt. Um eine ähnliche Wirkung in Ihrer Badewanne zu erzielten, bräuchten Sie rund 30 Kilogramm Salz.

Ich kümmere mich um mich selbst.
Je einsamer, je freundloser, je unkontinuierlicher
ich bin, desto mehr werde ich mich
selbst respektieren.

Charlotte Brontë: *Jane Eyre*

Weißes Rauschen. Es mag zunächst wie das Gegenteil von Stille klingen. Weißes Rauschen ist ein Fachbegriff aus der Physik und bezeichnet ein Geräusch, in dem vielerlei Frequenzen quer durch das gesamte Hörspektrum enthalten sind, wobei alle die gleiche Intensität haben. Diese Geräuschkombination ist als gleichbleibendes Summen oder Zischen wahrzunehmen.

Auch wenn dies vielleicht das Letzte zu sein scheint, was sich Ruhesuchende wünschen, setzt man weißes Rauschen tatsächlich oft als Gegenmittel gegen andere störende Geräusche ein. Maschinen zur Erzeugung von weißem Rauschen werden als Lösung zur Ausblendung von Hintergrundgeräuschen im Büro, als Einschlafhilfe und sogar als

Methode beworben, Tinnitus-Geräusche oder Ohrgeklingel (das selbst oft durch eine übermäßige Lärmbelastung entstanden ist) zu überlagern.

Weißes Rauschen setzen auch Eltern ein, die ihren neugeborenen Babys das Einschlafen erleichtern wollen. Es gibt zahlreiche Webseiten, Videos und Apps, über die man zu diesem Zweck weißes Rauschen abspielen kann. Man kann weißes Rauschen auch selbst erzeugen, indem man bei einem frequenzmodulierten Radio keinen Sender einstellt und es so laufen lässt. Die Theorie lautet, dass Babys durch ihren Aufenthalt im Mutterleib an das Rauschen des durch die Plazenta gepumpten Blutes und an andere biologische Geräusche gewöhnt sind, sodass das Fehlen solcher Geräusche Säuglinge verunsichern kann. Weißes Rauschen oder andere brummende oder rhythmische Geräusche wie sie eine Waschmaschine, ein Staubsauger oder eine Dusche erzeugt, würden Babys beruhigen und ihnen dabei helfen zu schlafen. Die wohl am meisten akzeptierte dieser Methoden ist sicher das einfache Flüstern von »Sch-sch«, um ein quengelndes Baby zu besänftigen.

Offenbar werden wir von dieser Art von Geräuschen angezogen, ob es nun ein eintöniges weißes Rauschen ist, das von einer App oder Maschine hervorgerufen wird, oder ein natürliches Geräusch wie das Plätschern von Wellen, die die Kiesel an einem Strand umspülen, oder das gleichmäßige Rieseln eines Gebirgsbachs. Ich würde darauf tippen, dass diese Geräusche genau deshalb beruhigen, weil sie so verlässlich und monoton sind.

Nach einer gewissen Zeit lernen wir, dem Geräusch zu vertrauen. Wir wissen, dass nichts Unerwartetes geschieht. Nach und nach entspannen wir uns daher und rechnen nicht weiter mit Überraschungen. Angenehme Geräusche wie Wellen am Strand oder der Wind in den Bäumen stören uns nicht, solange sie innerhalb des erwarteten Spektrums bleiben. Vielleicht rufen sie tatsächlich ein Gefühl der Beruhigung und Sicherheit in uns hervor, das wir aus unserer Zeit im Mutterleib kennen.

Zusammenfassung

In diesem Teil des Buches ging es um praktische Wege, mehr Stille in das eigene Leben zu bringen. Wir haben uns zwei zentrale Ansätze angeschaut, um das zu erreichen: sich Zeit für die Stille nehmen und sich an stille Orte begeben. Beides kann uns helfen, mehr Ruhe zu finden.

Sich Zeit für die Stille zu nehmen heißt, dem Umstand Rechnung zu tragen, dass Stille in unserem Leben einen Stellenwert hat. Wenn wir dafür Pausen in unser Leben einbauen, verschaffen wir uns Raum zum Nachdenken. Indem wir weniger tun, können wir mehr Aktivitäten ausüben, denen wir weiterhin nachgehen wollen. Wenn wir es uns gestatten, Bilanz zu ziehen und uns zu erholen, werden wir uns dessen bewusst, was wir gerade im Moment erleben, und können uns am Leben viel mehr erfreuen, statt wie verrückt von einer Aktivität zur nächsten zu hetzen.

Zum zweiten Ansatz gehört die bewusste Suche nach Wegen, möglichst viel Zeit in ruhigeren Umgebungen zu verbringen. Einige der aufgeführten Beispiele wie das Leben in einer Höhle oder das Aufsuchen eines reflexionsarmen Raumes mögen nicht gerade auf der Hand liegen oder einem sofort in den Sinn kommen. Ich habe diese etwas extremeren Möglichkeiten erwähnt, um zum Nachdenken zu animieren. Wenn wir uns über das Umfeld bewusster werden, das wir uns aussuchen, um unsere Zeit darin zu verbringen, können wir damit beginnen, weisere Entscheidungen über die Art zu treffen, wie wir leben. In vielen Fällen bestimmt das von uns ausgesuchte Umfeld wesentlich mit darüber, welchen Tätigkeiten wir dort nachgehen und wie wir denken und uns verhalten. Die Entscheidung für eine friedlichere Umgebung kann uns dabei helfen, das Gefühl von Frieden und Ruhe in uns selbst zu fördern.

Friedliche Beziehungen pflegen

Wenn du eine halbe Stunde lang
schweigend mit jemandem dasitzen und dich
dennoch rundum behaglich fühlen kannst,
dann können diese Person und du Freunde werden.
Wenn du das nicht kannst, werdet ihr niemals
Freunde werden, und du brauchst keine Zeit
damit zu verschwenden, es zu versuchen.

L. M. Montgomery: *Das Schloss in den Wolken*

Es mag widersinnig erscheinen, bei der Suche nach Stille Zeit damit zu verbringen, über Wörter und Sprache nachzudenken. Doch Gespräche können Beziehungen herstellen und bestimmen, was sie unglaublich wichtig macht. Die Beschaffenheit unseres Redens und die Art, wie wir zuhören und wie uns zugehört wird, sind eng damit verbunden, wie wir Stille erfahren. Wenn es uns nicht möglich ist, friedliche Beziehungen zu pflegen, sind wir auch nicht fähig, Frieden in uns selbst zu finden. Lassen Sie uns einen Blick darauf werfen, wie wir friedliche Beziehungen fördern können – sowohl durch Wörter als auch durch Schweigen.

Strategien für freundliche Kommunikation

Stille ist nicht immer ein positiver Zustand. Wir sind vermutlich alle schon in Situationen gewesen, in denen wir uns verärgert von anderen abgewendet haben. Wenn wir verletzt oder gekränkt sind, versuchen wir uns dadurch zu schützen, dass wir die Verbindung zu anderen Menschen unterbrechen. Es kann überaus schmerzlich sein, sich in solch einer Situation zu befinden. Ein Teil von uns sehnt sich danach, die Verbindung wiederherzustellen, aber unser Groll errichtet eine Wand um uns herum und stößt andere fort. Wir werden zu Gefangenen unseres eigenen Isolationsbollwerks.

Wenn sich andere uns gegenüber so verhalten, kann es sehr schwierig sein, zu ihnen durchzudringen. Bei Kindern sprechen wir davon, dass sie schmollen; Erwachsene stufen wir vielleicht als verbittert oder nachtragend ein. Sobald die Kommunikation auf diese Weise abbricht, wird das Schweigen zu einem feindseligen Zustand.

Dies ist fraglos nicht die Art von Stille, nach der wir streben. Eine Stille, die Ruhe und Frieden bringt, entsteht auf der Basis von Verbundenheit. Um die Stille zu erreichen, die wir uns wünschen, müssen wir deshalb zunächst daran arbeiten, wie wir mit den Menschen um uns herum sprechen und uns mit ihnen verbinden.

Freundliche Worte

Es scheint vernünftig zu sein, mit Menschen aus dem eigenen Umfeld freundlich und respektvoll zu reden, aber es ist nicht immer einfach, das zu tun. Wenn wir nicht sorgfältig auf unsere Worte achten, kann es in belastenden Situationen zu reflexartigen Reaktionen kommen. Wenn wir uns jedoch ausdauernd darum bemühen, mit anderen freundlicher zu kommunizieren, werden wir immer geübter darin. Schon allein uns dazu zu verpflichten, wohlüberlegt zu sprechen, kann eine enorme Veränderung bewirken.

Schweigen kann eine nützliche Maßnahme sein, die Qualität unserer Worte zu verbessern. Pausen in Gesprächen geben uns die Gelegenheit, durchzuatmen und unsere augenblicklichen Gefühle zu bemerken. Wir können sie zu einem »Check-in« nutzen und innehalten, um sowohl über uns selbst als auch über unser Gegenüber zu reflektieren.

Warum sagen wir manchmal ungute Dinge?

Wenn wir mit jemand anderem sprechen, beginnen wir manchmal etwas zu sagen, ohne uns wirklich entschieden zu haben, was wir unserem Gegenüber mitteilen wollen. Und dann sagen wir das Erste, was uns in den Sinn kommt, ohne vorher irgendeine Art von Filter einzusetzen. Das ist in Ordnung, wenn wir ruhig sind und ein positives Gefühl gegenüber der Person haben, mit der wir kommunizieren.

Wenn die Situation jedoch irgendein negatives Gefühl aus der (fernen oder nahen) Vergangenheit ausgelöst hat und wir deswegen verstimmt oder verärgert sind, verfallen wir möglicherweise in alte Muster. Das ist dann der Fall, wenn wir mit einer Antwort einfach herausplatzen, so, als würden wir einer festgelegten Rolle folgen. Das kann nur unsere Stimme oder unseren Tonfall betreffen, oder wir plappern genau dieselben Worte nach, die wir als Kinder gehört haben, die wir in der Zeitung gelesen haben oder die eine Freundin oder ein Freund letzte Woche gesagt hat.

Solche Worte können in der aktuellen Situation ungerechtfertigt und kontraproduktiv sein. Möglicherweise reagiert die Person, mit der wir uns unterhalten, ebenfalls voreilig und unüberlegt. Dadurch eskaliert die Situation, und dann kann es passieren, dass jeder etwas sagt, was er später bereut.

Schweigen gibt uns die Chance, erst nachzudenken, bevor wir reden. Das muss kein langes

Schweigen sein. Manchmal reicht schon eine kurze Pause, um festzustellen, wie wir uns fühlen, und diese Gefühle nicht wie unter Zwang den Ton und den Inhalt dessen bestimmen lassen, was wir sagen. Manchmal bemerken wir es vielleicht erst zu spät, dass wir bereits wieder unserem alten Drehbuch folgen. Möglicherweise registrieren wir sogar, in welchem Ton wir sprechen, und erkennen, dass unsere Worte nach Seifenoper klingen. Wenn wir uns wie ein Schauspieler auf einer Bühne fühlen, ist das ein Anzeichen dafür, dass wir nicht authentisch reagieren.

Der Gedanke, sich dazu zu verpflichten, freundlich mit anderen zu reden, ist nicht neu. Viele Religionen und Philosophien haben bestimmte Regeln für eine hilfreiche Art der Unterhaltung aufgestellt. Es gibt sogar ein viktorianisches Gedicht, das eine Anleitung für gute Kommunikation enthält:

Ist es wahr? Ist es notwendig? Ist es freundlich?

Oh! Halte inne, liebes Kind, warte einen Moment,
Bevor du sprichst nur ein Wort,
Das einem andern dann in der Seele brennt,
der schwach ist oder ohne schützenden Hort.
Und niemals sage zu anderen in irgendeiner Lage,
Was sie zu dir nicht sagen sollen offenbar,
Bevor du dir nicht beantwortet hast die Frage:
»Ist diese Anschuldigung denn wahr?«

Und wenn sie wahr ist, und ich vermute,
Dass du nicht lügen wirst,
Warte, bevor du schwingst die Rute
über Freund oder Feind.
Und selbst dann sei achtsam, was du sprichst,

Halte ein und wäge jedes Wort sehr gut,
Überlege, ob es nötig ist,
dass du über andere den Stab nun brichst,
denn niemals sage etwas in Wut.
Und wenn es wirklich nötig sollte sein,
Zumindest, weil du es so erachtest,
So rede den andern doch nicht einfach klein,
Ob du ihn nun als Freund oder Feind betrachtest,
Eh du nicht in den Tiefen deines Herzens
dich gefragt,
Ob nicht Entlastendes gefunden werden kann,
Nicht irgendetwas, das dir doch behagt,
Und prüfe, ob freundlich ist, was du sagst dann.

Nachdem du dir die drei Fragen hast gestellt –
Wahr, notwendig, freundlich –,
Prüfe erneut, bevor du trittst hinaus in die Welt,
Und ich bin sicher, du erkennst sehr deutlich,
Dass es nicht schwerfällt, das zu tun,
Was unser Herrgott von uns verlangt,
Nichts Schlechtes über andere zu reden
und nicht zu ruhn,

Bis wir vergeben, damit es uns
nicht vor uns selber bangt.

Mary Ann Pietzker: *Miscellaneous Poems*

Schweigen und nicht verletzen

Auch wenn ein feindliches Schweigen unbehaglich und unzuträglich sein kann, sollten wir uns vor Augen halten, dass es manchmal besser ist, nichts zu sagen als etwas Verletzendes. Vielleicht erinnern wir uns an eine Regel aus der Kindheit, der zufolge man besser schweigen sollte, wenn man nichts Freundliches sagen kann.

Es ist spannend, im Zusammenhang mit einer umfassenderen Strategie des Nicht-Verletzens an Stille zu denken. Was meine ich mit Nicht-Verletzen? Ein Verhaltenskodex des Nicht-Verletzens zieht nicht gerade sehr viel Aufmerksamkeit auf sich. Wir bekommen keine Auszeichnung dafür, dass wir nichts Schlechtes tun. Es mag so erscheinen, als wäre es weniger wichtig, andere nicht zu verletzen, als Probleme zu lösen oder etwas Gutes zu tun. Tatsächlich jedoch kann es sehr wichtig und kraftvoll sein, in dieser Welt nicht noch mehr Problemfelder zu erzeugen. Diese Überlegung knüpft an meine Ausführungen darüber an, in welcher Weise ein Mehr an erbaulichen Aktivitäten, etwa dem Aufenthalt in der Natur, das

Gleichgewicht in unserer Zeitplanung wiederherstellen und die kräftezehrenderen, lärmenden Aktivitäten verdrängen kann. Nicht zu verletzen ist eine andere Möglichkeit, sich in Stille zu üben. Es geht dabei darum, unserem Leben nicht noch zusätzliche schockierende oder beunruhigende Aktionen hinzuzufügen.

Wenn spirituell Praktizierende die Entscheidung treffen, sich an stille Orte oder sogar in Höhlen zurückzuziehen, etwa als Einsiedler, betreiben sie eine sehr offensichtliche und extreme Form des Nicht-Verletzens. Doch wir können diese Haltung, niemandem schaden zu wollen, auch auf eine sehr subtile Art leben – selbst in unseren Gesprächen mit Freunden und Familie. Das vielleicht Erstaunlichste am Nicht-Verletzen ist, dass es eine sehr stärkende Wirkung hat. Wir fühlen uns schnell entmutigt und machtlos, wenn wir von den Problemen in dieser Welt hören. Sobald wir uns jedoch vornehmen, nicht auch noch selbst zu diesen oder anderen Problemen beizutragen – nicht einmal auf die geringste Weise –, übernehmen wir die volle Verantwortung für uns selbst. Wir tun, was wir können.

Die Haltung des Nichts-Verletzens ist allerdings nicht mit Passivität oder Untätigkeit zu verwechseln, denn manchmal kann es sogar noch mehr Schaden anrichten, wenn man untätig bleibt.

Die grausamsten Lügen
werden oft schweigend erzählt.

Robert Louis Stevenson:
Virginibus Puerisque und andere Schriften

Da unsere Interaktionen mit anderen immer komplexer werden, müssen wir unser Schweigen manchmal brechen, um anderen auch weiterhin nicht zu schaden. Eine allumfassende Strategie der Stille bedeutet nicht, dass man Unrecht passiv hinnimmt. Das wäre grob vereinfachend und nicht hilfreich. Es ist sowohl angebracht als auch unsere Bürgerpflicht auf dieser Welt, unsere Meinung zu sagen, wenn wir Zeugen von Unrecht werden. Wesentlich dabei ist, dass wir unser Schweigen nutzen, um die Situation richtig zu verstehen. Es ist unser Ego, das zum Schweigen gebracht werden muss. Wenn wir also handeln oder unsere Stimme erheben, sollten wir das weise und freundlich tun, nicht aus Wut oder Hass heraus.

Zuhören und Gehör finden

Zuhören und Gehör finden sind eng mit dem Konzept der Stille verbunden. In diesem Fall wird Schweigen zu einem aufnehmenden Zustand. Beim Zuhören geht es allerdings nicht nur einfach darum, zu hören, was eine andere Person sagt. Bei Gesprächen kommt es häufig vor, dass wir, statt zuzuhören, darauf warten, dass unser Gegenüber aufhört zu reden, damit wir unsere eigenen Gedanken einbringen können. Wir halten unerschütterlich an unserer eigenen Meinung fest und bewerten die Gedanken unseres Gegenübers rasch, um herauszufinden, wie gut sie zu unseren eigenen passen. Oder wir nutzen, unabhängig von den Ideen des anderen, seine Aussagen als Sprungbrett, um unsere eigene Meinung kundzutun.

»Ja … Aber was ist mit den Auswirkungen auf den Euro?«

»Das mag stimmen, aber Sie haben den Einfluss auf die Biodiversität des Regenwaldes nicht bedacht.«

»Nein, Sie haben das völlig falsch verstanden.«
»Stimmt genau.«

Alle diese Bemerkungen legen nahe, dass die Sprecher auf ihren eigenen Blickwinkel fixiert sind und nicht wirklich zuhören, um zu verstehen, was der andere meint. Selbst die letzte Äußerung »Stimmt genau« deutet darauf hin, dass der Sprecher lediglich abwägt und bewertet, inwiefern die Äußerungen des anderen zu seiner eigenen Auffassung passen.

Wirkliches Zuhören schließt jedoch die Bereitschaft zur Veränderung mit ein. Das bedeutet, dass wir auch uns selbst die Möglichkeit einräumen, unsere Denkweise oder Auffassung zu revidieren. Selbst wenn eine andere Person anfangs Sichtweisen vertritt, die unseren eigenen vollkommen zu widersprechen scheinen, können wir dennoch etwas von ihr lernen. Zumindest können wir ein besseres Verständnis dafür entwickeln, warum sie möglicherweise zu diesen Ansichten gelangt ist.

Wir können eine Menge lernen, wenn wir uns gegenüber dem, was andere meinen und warum, eine echte Neugier bewahren, statt unser Denken abweichenden Ansichten gegenüber zu verschließen. Auch wenn dies zunächst den Eindruck erwecken mag, als wären wir uns unserer selbst oder unserer Meinungen nicht ganz sicher, ist in Wahrheit das Gegenteil der Fall. Denn eine Abneigung dagegen, anderen aufmerksam zuzuhören, rührt eben gerade von einer eigenen inneren Unsicherheit her.

Vielleicht glauben wir, dass wir unsere eigenen Ansichten untergraben, wenn wir andere Sichtweisen anerkennen. Wir fürchten möglicherweise insgeheim, dass unsere eigene Überzeugung anderen Auffassungen nicht standhalten kann. Darum versuchen wir, diese abzuwehren und zu blockieren. Und indem wir das tun, stempeln wir andere Menschen vielleicht als »dumm« oder »stur« ab.

Aktives Zuhören

Das Konzept des aktiven Zuhörens wird in einem breiten Spektrum von therapeutischen Situationen einschließlich Gesprächstherapien eingesetzt, ferner von Ärzten und Zahnärzten, Lehrern, Coaches und vielen anderen. Wir können es auch in unseren täglichen Gesprächen mit Kollegen, Freunden, Partnern und Kindern nutzen. Es hilft uns, erfolgreicher zu kommunizieren, und begünstigt den Aufbau von Beziehungen.

Die Verwendung des Adjektivs »aktiv« bringt die Tatsache zum Ausdruck, dass Zuhören eine dynamische Tätigkeit ist, bei der der Zuhörer dem Sprecher auf halbem Weg entgegenkommen muss. Die Kennzeichen aktiven Zuhörens sind äußerste Aufmerksamkeit gegenüber dem, was der Sprecher sagt, sowie das Bemühen, die Bedeutung der Wörter, des Tons und der Körpersprache zu verstehen. Der Zuhörer kann die Rede des anderen mit Gesten und einem entsprechenden Gesichtsausdruck würdigen.

Häufig gehört es auch dazu, das Gesagte zu paraphrasieren oder zu wiederholen, wodurch der Zuhörer zeigt, dass er wirklich zuhört, und zugleich überprüft, ob er alles richtig verstanden hat. Der Zuhörer kann auch inhaltliche oder weiterführende Fragen stellen und den mit den Wörtern verbundenen Gefühlen nachspüren. Während eines solchen Austauschs kann der Sprecher seine ursprüngliche Äußerung erläutern, einen Aspekt hervorheben oder sogar seine Meinung ganz und gar ändern.

»Oh, richtig. Was halten Sie davon?«

»Es klingt, als sei es nicht das gewesen, was Sie erwartet haben.«

»Das ist interessant. Wie funktioniert das?«

Ein Schlüsselaspekt bei dieser Art von Zuhören besteht eindeutig darin, dem Sprecher genug Raum für die Darlegung seiner Gedanken zu geben. In dieser Zeit müssen wir darauf verzichten, unsere eigenen Gedanken zu artikulieren – wir müssen schweigen. Bei diesem Schweigen geht es jedoch nicht darum, nur darauf zu warten, dass der Sprecher seine Ausführungen beendet, damit wir dann unsere Meinung äußern können. Es handelt sich vielmehr um eine

Art leeren Schweigens, bei dem wir für einen Moment unsere eigenen Ansichten loslassen und versuchen, die Welt durch die Augen des Sprechers zu sehen. Aktives Zuhören besteht nicht aus einer Reihe von Techniken oder Regeln, die es in Gesprächen anzuwenden gilt, sondern basiert auf echter Akzeptanz und Neugier gegenüber den Erfahrungen der anderen Person. Ist das nicht der Fall, wirkt das Schweigen herablassend und unglaubwürdig.

Dennoch bedeutet aktives Zuhören nicht zwangsläufig, dass Sie mit allem übereinstimmen müssen, was der andere zu sagen hat. Bei einem Konflikt werden Sie das höchstwahrscheinlich auch nicht. Trotzdem ist aktives Zuhören dann nicht unmöglich oder überflüssig. Tatsächlich ist das vielleicht genau der richtige Zeitpunkt, um besonders aufmerksam zuzuhören. Wenn Sie es sich gestatten, die Dinge aus dem Blickwinkel des Sprechers zu sehen, fällt es Ihnen womöglich leichter, Ihre eigene, davon abweichende Meinung auf eine Weise zum Ausdruck zu bringen, die es dem anderen ermöglicht, sie zu akzeptieren. Wenn Sie sich die größte Mühe geben, den Sprecher zu verstehen, kann es – zu Ihrer Überraschung – passieren, dass Ihre eigenen Vorstellungen gar nicht so unverrückbar feststehen, wie Sie zuvor geglaubt haben.

Wir haben zwei Ohren,
aber nur einen Mund; daher sollten
wir mehr zuhören als reden.

Zenon von Kition
(griechischer Philosoph, ca. 333–262 v. Chr.)

Tiefere Verbindung durch Zuhören

Möglicherweise sind wir der Ansicht, dass unsere Beziehungen mit anderen auf gemeinsamen Idealen und Erfahrungen gründen – dass wir, um mit jemandem wirklich in Einklang leben zu können, genauso denken müssen wie sie oder er. Doch wenn wir aufmerksam zuhören, stellen wir vielleicht fest, dass das nicht der Fall ist. Wenn wir unseren eigenen Standpunkt – wenn auch nur kurz – auf sich beruhen lassen, während wir respektvoll den einer anderen Person durchdenken, können wir zu der Feststellung gelangen, dass wir, selbst wenn sich unsere Auffassungen in etlichen Details unterscheiden, doch von ähnlichen Motivationen geleitet werden, nämlich davon, glücklich zu sein, uns sicher zu fühlen und geliebt zu werden.

Zu schweigen, unser Selbst oder Ego für einen Augenblick außer Acht zu lassen und es uns zu erlauben, die Welt mit den Augen einer anderen Person wahrzunehmen, kann uns dabei helfen, eine tiefere Verbindung zu finden. Wir können entdecken, dass die gemeinsame Erfahrung, ein Mensch zu sein und grundsätzlich die gleichen Ängste, Sehnsüchte und Träume zu haben, die kleinen Differenzen bei bestimmten Themen überwindet. Sobald wir imstande sind, gegenseitig anzuerkennen, dass wir ein gemeinsames Ziel haben, ist es viel leichter, gemeinsam darauf hinzuwirken, äußerliche Meinungsverschiedenheiten beizulegen.

Sei zuverlässig und still –
Stille betrügt dich nie; Sei ehrlich in Wort
und Tat und zu den Freunden dein;
Vertrau niemals dem, der vor dir beugt das Knie;
Und beurteile nichts, bevor du dir nicht wirklich
sicher kannst sein.

John Boyle O'Reilly: *Life of John Boyle O'Reilly*

Gehör finden

Ich habe mich bisher auf die Rolle des Zuhörers konzentriert. Aber wie ist es, wenn man auf der anderen Seite steht – der des Sprechers, dem zugehört wird?

Die Möglichkeit, sich zu äußern, gehört wohl zu den Grundrechten des Menschseins. Überall auf der Welt kämpfen Menschen für das Recht, Gehör zu finden, und manchmal opfern sie diesem Anliegen sogar ihr Leben. Menschen protestieren gegen die Zensur, die ihnen verbietet, ihre Gedanken in der Kunst und Literatur zum Ausdruck zu bringen. Viele haben für das Wahlrecht und das Recht, ihre Stimme in politischen Fragen zu erheben, gekämpft.

Warum ist Mitspracherecht so wichtig? Einerseits können wir sehen, dass das Verbot von Meinungsäußerungen Teil eines Unterdrückungsprogramms sein kann. Während der gesamten Menschheitsgeschichte wurden denen, die sich nicht offen äußern durften, auch andere Grundrechte wie Freiheit verwehrt.

Doch kein Gehör zu finden beeinträchtigt uns auch in kleinerem Maßstab, und zwar auf der zwischenmenschlichen Ebene. Ignoriert zu werden kann zutiefst verstörend sein. Wenn uns das regelmäßig passiert, beginnen wir möglicherweise, uns unerwünscht zu fühlen. Das kann unser Selbstwertgefühl vernichten. Wir kompensieren das vielleicht, indem wir unwirsch auftreten, die Aufmerksamkeit anderer suchen oder uns bedrückt fühlen und uns in uns selbst zurückziehen.

Zur Kunst der Unterhaltung
gehört die Kunst des Zuhörens ebenso
wie die, Gehör zu finden.

William Hazlitt:
On the Conversation of Authors

Zuhören als emotionale Unterstützung

Wenn uns jemand zuhört, würdigt er damit nicht nur unsere Meinung oder unsere Erfahrung, sondern grundsätzlich auch uns selbst. Wir werden als Person anerkannt. Es ist offensichtlich, dass unsere Meinungen und Ansichten willkommen sind, dass wir willkommen sind.

Diese Art des Zuhörens wird zu einem Geschenk vorbehaltloser Akzeptanz. Das heißt nicht, dass der Zuhörer unbedingt mit allem übereinstimmt, was wir sagen. Aber er signalisiert, dass er versteht und akzeptiert, dass wir aufgrund unserer Erfahrungen auf eine bestimmte Weise denken und empfinden und dass die Art, wie wir sind, für uns völlig plausibel ist.

Vorbehaltlose Akzeptanz ist das, was Mütter und Väter zeigen, wenn sie ihr neugeborenes Baby in den Armen halten. Sie erlauben ihrem Baby, so zu sein, wie es ist. Therapeuten bezeichnen dieses unterstützende Verhalten als »Containing« – die Eltern fungieren als eine Art Container, der das Kind auffängt. Wirkliches Zuhören ist eine Form emotionaler Unterstützung des Sprechers. Wir sind zwar keine Babys mehr, aber es tut uns noch immer gut, wenn wir auf diese Weise aufgefangen und getragen werden. Niemand von uns ist absolut sicher oder hundertprozentig selbstbewusst. Die meisten von uns haben auf dem Weg zum Erwachsenwerden Blessuren erlitten, und es kann sein, dass wir kontraproduktive Gewohnheiten entwickelt haben, die uns in einigen Bereichen unseres Lebens daran hindern, unser volles Potenzial zu entfalten.

Das Gefühl, gehört zu werden, baut auf der Arbeit auf, die unsere Eltern geleistet haben, als sie uns als Babys in den Armen hielten. Wenn uns jemand zuhört, hilft uns das, unser Selbstwertgefühl aufzubauen, und wir fühlen uns selbstbewusster und mehr geschätzt. Das geschieht, wann immer wir einen Zuhörer finden – entweder im Rahmen einer formellen therapeutischen Beziehung oder in der Gesellschaft unserer Freunde, unserer Familie oder sogar eines Fremden, der während einer Zugfahrt neben uns sitzt. In einer Gesprächstherapie wird die regelmäßige und vertrauliche Qualität des Zuhörens zu einem mächtigen Mittel für Heilung und Wandel. Aber auch in kleinerem Maßstab kann das Zuhören von Menschen, die uns in unserem Alltagsleben umgeben, eine große Wirkung haben.

Alltagsgespräche

Es ist nicht möglich und auch nicht angebracht, die Techniken des aktiven Zuhörens bei jedem Gespräch anzuwenden, das wir in unserem Alltag führen:

»Kannst du mir bitte mal den Senf rüberreichen?«

»Du hättest gern etwas Senf. Welches Gefühl löst Senf bei dir aus?«

Wenn man es übertreibt und belanglosen Gesprächen zu viel Bedeutung beimisst, ist das kontraproduktiv. Ihr Gesprächspartner würde denken, dass Sie nicht verstanden haben, worum es geht, oder sich sogar über ihn lustig machen.

Ich glaube, dass wir die Qualität unserer Beziehungen deutlich verbessern können, wenn wir uns Mühe geben, anderen genau zuzuhören. Aber wir müssen das auf glaubwürdige Weise tun. Indem wir achtsam sprechen und aufmerksam sind, können wir damit beginnen, unsere eigene natürliche Neugier anderen Menschen gegenüber zu entfachen. Ist diese Neugier einmal geweckt, dann begreifen wir, dass es wichtig ist, den Bemerkungen anderer genau zuzuhören, und uns wird klar, wann es angebracht ist, sie für bare Münze zu nehmen. Es ist nicht unsere Aufgabe, jeden zu therapieren, aber wir können uns dazu verpflichten, keinen zusätzlichen Schaden in der Welt entstehen zu lassen. Mit der Bereitschaft zuzuhören, wenn es erforderlich ist, machen wir die Welt zu einem freundlicheren und mitfühlenderen Ort.

VISUALISIERUNG

Vorbehaltloses Zuhören

Für diese Übung müssen Sie jemanden finden, der gerade nicht spricht. Es kann eine Person sein, die schläft, in eine bestimmte Aktivität versunken ist oder krankheits- oder altersbedingt nicht sprechen kann; es kann eine Person sein, die Sie kennen, oder ein Fremder, etwa jemand, der Ihnen im Bus gegenübersitzt. Sie können jeden Schritt der Übung so lange praktizieren, wie Sie möchten.

Setzen Sie sich zu der betreffenden Person und beobachten Sie, wie Ihr Atem in Ihren Körper hinein- und wieder hinausströmt. Machen Sie sich bewusst, dass dieses Wesen einst ein Baby gewesen ist, das hilflos in den Armen seiner Mutter lag. Akzeptieren Sie, während Sie einatmen, dass Ihr Gegenüber ein Baby war (oder es gerade ist). Wünschen Sie diesem Baby, während Sie ausatmen, alles Gute.

Atmen Sie ein, und überlegen Sie kurz, welche Schwierigkeiten und welches Leid dieses Wesen vom

Beginn bis zum Ende seines Lebens bereits ertragen hat oder vielleicht noch ertragen muss. Schicken Sie ihm einen Atemzug voller Mitgefühl.

Atmen Sie ein, und führen Sie sich die Freuden vor Augen, die Ihr Gegenüber bereits erlebt hat und in der Zukunft noch erleben wird, so wie Sie gelegentlich Schönes erleben. Atmen Sie froh aus.

Fühlen Sie, während Sie nun wieder einatmen, wie sich Ihre Brust vor Akzeptanz gegenüber all den Erlebnissen, die sich ereignen können, öffnet – seien sie nun willkommen oder nicht. Atmen Sie aus, und schicken Sie diese Akzeptanz an ihr Gegenüber.

Wenn uns die Worte fehlen

Reden ist ein grundlegender Bestandteil unserer Kommunikation, doch es gibt viele unter uns, die nicht reden. Wie ist die Welt für Menschen, die nicht sprechen können oder wollen? Die Art, wie wir zu denen, die sprachlos sind, eine Beziehung herstellen, kann uns aufzeigen, welches Verhältnis wir zur Stille haben und welchen Wert wir Worten beimessen.

Das präverbale Kind

Ich habe bereits die angebliche Stille im Mutterleib erwähnt. Babys kommen ohne die geistige Kapazität oder die physische Fähigkeit, sich zu artikulieren, auf diese Welt. Wenn sie dann ihren ersten Geburtstag feiern, können die meisten von ihnen mindestens ein oder zwei Wörter sprechen.

Es lässt sich nicht genau sagen, wie das präverbale Kind die Welt erlebt. Keiner von uns erinnert sich an diese Zeit so genau. Und falls wir uns doch erinnern, sind wir nicht mehr dazu imstande, die Erinnerungen aus unserer präverbalen Phase zu interpretieren.

Wenn Babys neue Wörter lernen, ist zu beobachten, wie sich ihre Beziehung zu dem benannten Objekt verändert. Es wird klarer und konkreter. Kleinkinder neigen dazu, mit dem Finger zu zeigen, wenn sie Personen, Tiere oder Gegenstände benennen – Mama, Papa, Wauwau, Trinken. Es ist, als würden sie gleichzeitig sich selbst als auch die Welt definieren. Mit zunehmenden Spracherwerb wächst auch die Selbstwahrnehmung. Das ist ein Becher; das bin nicht ich. Das ist eine Katze; das bin nicht ich.

In einer Welt ohne Wörter ist die Grenzlinie zwischen einem selbst und anderen daher vielleicht fließender. Der Akt, etwas zu benennen, ist wesenhaft damit verbunden, sich von dem Benannten abzugrenzen. Dann steht es uns frei, eine Beziehung zu dem Objekt einzugehen. Während des ersten Abschnitts unseres Lebens entwickeln wir uns also von einem undefinierten Wesen – namenlos und eins mit allem – zu jemandem, der mit dem Spracherwerb ein eigenständiges Selbst oder Ego herausbildet.

Interessanterweise besteht der spirituelle Weg im Buddhismus – ebenso wie in anderen Religionen – darin, über dieses Selbstempfinden hinauszugehen und es zu transzendieren. Wir könnten daher denken, dass es leichter wäre, wenn wir einfach von vornherein unseren präverbalen Zustand beibehalten würden. Aber offenbar können wir diesen Schritt des

Ego-Aufbaus nicht einfach auslassen. Wir müssen ein Selbstempfinden entwickeln, das stark und sicher genug ist, um es schließlich wieder loslassen zu können. Wir haben Schwierigkeiten, über unser Ego hinauszuwachsen, wenn es nicht vollständig ausgebildet ist.

Wie das Alter das Reden beeinflusst

Zum Ende unseres Lebens hin verlangsamt sich das Sprechen tendenziell. Umstände wie ein Gedächtnisverlust können unser Sprechen beeinflussen. Bei einer schweren Demenz kann man seine Sprachfähigkeit sogar ganz verlieren. Und bei denjenigen, die nicht unter einer kognitiven Beeinträchtigung leiden, kann sich einfach das Gefühl einstellen, dass Reden nicht länger erforderlich ist. Vielleicht sind wir mit zunehmendem Alter nicht mehr so schnell darin, unsere Meinung zu sagen. Laut der sokratischen Weisheitslehre sind wir weise, wenn wir zugeben, dass es Dinge gibt, die wir nicht wissen. Mit dem Anhäufen von Erfahrungen gewinnen wir hoffentlich auch mehr Gelassenheit. Wir regen uns über Dinge, die wir nicht ändern können, nicht mehr so auf wie früher.

In unserer Gesellschaft neigen wir zu der Auffassung, Reden als zentralen Teil des Menschseins zu betrachten. Doch wenn wir einen Blick auf unsere Lebensspanne werfen, sehen wir, dass Reden eine vorübergehende Erscheinung ist, weil wir unser Leben schweigend beginnen und beenden. Bei Babys ist der Spracherwerb mit einer wachsenden Selbstwahrnehmung verbunden. Vielleicht kehrt sich dieser Prozess im Alter um. Weil Sprache als Mittel der Selbstdefinition an Bedeutung verliert, wird das Ego weniger dominant. Wenn wir diese Verknüpfung zwischen dem Äußern unserer Ideen und Meinungen, unserer Selbstwahrnehmung und unserem Ego erkennen, kann uns das helfen, unsere Bindung an die Sprache etwas zu lockern.

In unserer Kultur ist die Beziehung zu Weisheit und Alter von Unbehagen geprägt. Auch wenn wir möglicherweise gern den Archetypus vom weisen Alten bemühen, handeln jüngere Menschen doch in Wirklichkeit oft so, als sei das Gegenteil der Fall. Gegenwärtig besteht die fest verwurzelte Überzeugung, dass ältere Menschen über geringere geistige Kapazitäten verfügen. Das spiegelt sich in der verbreiteten »Alte-Leute-Sprache« wider, einer Art übertriebener Babysprache gegenüber älteren Menschen, unabhängig von deren kognitiven Fähigkeiten. Man kann sie an allen möglichen öffentlichen Orten hören – in Banken, Bibliotheken oder Bussen. Sie ist in Pflegeheimen derart verbreitet, dass sich viele Menschen, die dort wohnen, daran gewöhnt haben.

»Und was wollen wir heute zum Frühstück essen, mein Guter?«

»Jetzt werden wir alle ein schönes Liedchen singen, nicht wahr?«

Manche Menschen empfinden diese Art zu reden als beruhigend und fürsorglich, andere betrachten sie als respektlos. Und wieder andere macht sie so wütend, dass sie verärgert darauf reagieren – was dann dazu führt, dass sie als schwierig oder als Querulanten abgestempelt werden.

Wenn wir uns dessen bewusster werden, wie wir mit anderen reden, kann uns das helfen, unverfälschter zu kommunizieren. Zu bestimmten Zeiten mag es angemessen sein, andere auf eine vertrauliche und liebevolle Weise anzusprechen. Dann wieder mag diese Art von Ansprache unerwünscht und fehl am Platz sein. Augenblicke des Schweigens erleichtern es uns, die Haltung unseres Gesprächspartners einzuschätzen und den richtigen Ton zu treffen.

Wegen des Stigmas, das dem Alterungsprozess anhaftet, haben viele Menschen Angst vor dem Altwerden. Diese Angst trägt wiederum zu einem generellen Mangel an Anerkennung der Werte des Alters bei. Eine zunehmende Einsilbigkeit wird als Indiz dafür genommen, dass jemand weniger produktiv ist und eine geringere Fähigkeit dazu hat, einen Beitrag für die Gesellschaft zu leisten. Das spiegelt unser Unbehagen gegenüber diesem Aspekt der Stille wider.

Wenn wir uns dieser weitverbreiteten Einstellung bewusst werden, sind wir eher in der Lage, unsere

Annahmen über das Schweigen anderer Menschen kritisch zu hinterfragen. Wir können einfühlsamer mit Wortkargheit umgehen und das Schweigen nicht einfach als Gelegenheit dafür nutzen, selbst zu reden und unsere Meinungen kundzutun. Wir können darauf achten, dem Schweigen anderer Menschen respektvoll zu begegnen und nicht gedankenlos so zu tun, als sei es ein Zeichen von Leere.

Von Tieren lernen

Viele Menschen wählen die Gesellschaft von Tieren genau deshalb, weil sie ihre schweigsame Nähe mögen. Tiere haben nicht nur keine Worte, sie scheinen sogar mehrheitlich ohne Ego zu sein. Menschen haben seit Anbeginn der Zivilisation Beziehungen zu Tieren aufgebaut. Es gibt Belege, dass die Jäger und Sammler vor etwa 20.000 bis 30.000 Jahren in Europa Wölfe domestiziert haben, die Vorfahren unserer Haushunde.

Es ist vielleicht nicht überraschend, dass Hunde und Pferde, die uns beide seit Jahrtausenden als Haus- und Arbeitstiere dienen, besonders einfühlsame Geschöpfe sind. In den vergangenen Jahren wurden Pferde zunehmend im Rahmen therapeutischer Programme eingesetzt. Pferdetherapie hat sich sogar in Fällen schwerer Traumatisierung und belastender Lebenssituationen sowie bei Patienten, die große Probleme mit sozialen Interaktionen haben, als höchst wirkungsvoll erwiesen.

Es gibt einen sehr interessanten Ansatz innerhalb der Pferdetherapie, bei dem die eingesetzten Tiere völlig undressiert sind und ihre natürlichen Verhaltensweisen beibehalten dürfen. Die Pferde werden dementsprechend nie geritten, gesattelt, angeschirrt, gezügelt oder mit Scheuklappen versehen. Das bedeutet: sie werden nicht gebrochen und zum Gehorsam gezwungen. Ihnen wird vielmehr so viel Freiheit und Eigenständigkeit wie möglich zugestanden. Es ist ihnen also erlaubt, so auf Menschen zu reagieren, wie sie wollen. Als Folge davon geben sie völlig unverfälschte Rückmeldungen.

Wenn es ein Patient beispielsweise als schwierig empfindet, Beziehungen zu anderen Menschen herzustellen, weil er soziale Signale nur schlecht wahrnehmen kann, kann ein Therapeut aufzeigen, was geschieht, wenn der Patient das gleiche Verhalten gegenüber einem Pferd an den Tag legt. Der Patient lernt schon bald, dass er, um das Vertrauen des Pferdes zu gewinnen, sehr geduldig sein muss und genau darauf zu achten hat, wie das Pferd auf ihn reagiert. Droht er dem Pferd in irgendeiner Weise oder bringt ihm mangelnden Respekt entgegen, geht es einfach weg. Wirkt der Patient unsicher oder misstrauisch, bleibt das Pferd auf Distanz. Schrittweise lernt der Betreffende so anhand der Rückmeldungen des Pferdes, sein Verhalten zu ändern, sodass das Pferd Vertrauen fasst und beide eine Beziehung zueinander aufbauen können.

Auch wenn der Therapeut sicher bei der Interpretation und Steuerung der Beziehung eine Rolle spielt, so ist es doch das Pferd selbst, das hier der Lehrmeister ist, und zwar ganz ohne Worte. Wenn wir bereit sind »zuzuhören«, können wir viel von Tieren und der Art, wie sie mit uns interagieren, lernen.

Gebärdensprache

Wie schon gesagt, beginnen und beenden wir unser Leben im Schweigen. Manche Menschen erwerben allerdings die Fähigkeit zu sprechen nie. Es gibt viele Menschen mit eingeschränktem oder fehlendem Hörvermögen. Manche werden im Alter schwerhörig oder taub, andere verlieren ihr Gehör durch eine Krankheit oder einen Unfall, und wieder andere sind von Geburt an gehörlos. Grundsätzlich wird ein Hörverlust als Krankheit eingestuft. Doch Gehörlosigkeit bietet auch die Möglichkeit, andere Wege der Interaktion mit der Welt zu entwickeln.

Auch wenn es den Hörfähigen so erscheinen mag, als gäbe es kaum einen Unterschied zwischen erworbener und angeborener Taubheit, ist der Unterschied in Wahrheit sehr groß. Für gehörlos Geborene ist die gesprochene Sprache nicht die Hauptsprache. Unsere Muttersprache ist die Sprache, die wir von Geburt an lernen. Gehörlose Kinder jedoch können die gesprochene Sprache nicht wahrnehmen und sie daher nicht so leicht lernen wie hörfähige Kinder. Darum kann es sein, dass ihre Muttersprache eine Gebärdensprache ist. Die gesprochene Sprache ihres Umfelds, die sie erst später erwerben, wird dadurch zur Zweitsprache.

Als Folge davon fällt es von Geburt an Gehörlosen auch schwerer, Lesen und Schreiben zu lernen, weil sie die gesprochene Sprache nicht auf die gleiche Weise wie andere Kinder erwerben. Ihr Lernprozess ähnelt dem unseren, wenn wir eine tote Sprache wie Latein lernen, die kaum noch genutzt wird. Gehörlose beherrschen die gesprochene Sprache daher möglicherweise nicht fließend, und das geschriebene Wort ist für sie als Mittel der Kommunikation weniger hilfreich, als man annehmen könnte. Im Durchschnitt verlassen gehörlose Kinder die Schule, ohne so gut lesen zu können wie andere Kinder in ihrem Alter. Außerdem können sie sich Informationen nicht auf die gleiche Weise wie hörfähige Gleichaltrige durch Gespräche oder aus den Medien beschaffen.

Gebärdensprache ist eine linguistische Sprache, die hauptsächlich Handzeichen für die Kommunikation einsetzt, um Inhalte zu übermitteln. Gebärdensprache verwendet Formen und Bewegungen von Händen, Armen und Körper und setzt Mimik ein. Körpersprache hingegen wird aus einer nicht linguistischen Kommunikation gebildet und unterscheidet sich auf diese Art und Weise deutlich von der Gebärdensprache.

Wie die gesprochene Sprache wird die Gebärdensprache in den Gemeinschaften entwickelt, die sie verwenden, sodass es keine weltweit verbreitete und universell gültige Gebärdensprache gibt. Jüngsten Erhebungen zufolge gibt es nicht weniger als 137 unterschiedliche Gebärdensprachen. Aufgrund der Art, in der sie entstanden sind, lassen sie sich nicht mit den gesprochenen Sprachen größerer Gemeinschaften vergleichen. Es gibt sogar regionale Unterschiede. Während beispielsweise in Großbritannien, Amerika und Australien einheitlich Englisch gesprochen wird, unterscheiden sich die Gebärdensprachen der drei Länder in ihrem Vokabular und ihrer Grammatik deutlich voneinander.

- Im Vereinigten Königreich leidet ein Sechstel der Bevölkerung unter irgendeiner Beeinträchtigung des Gehörs.
- Über 900.000 Menschen sind dort stark oder hochgradig schwerhörig.
- 90 Prozent der dortigen gehörlosen Kinder haben hörfähige Eltern.
- Rund 50.000 der im Vereinigten Königreich lebenden Gehörlosen verwenden die britische Gebärdensprache als ihre zentrale oder bevorzugte Sprache.

- Der erste schriftliche Bericht über eine Gebärdensprache stammt von Platon aus dem fünften Jahrhundert vor Christus.

Viele Tausend Menschen im Vereinigten Königreich verwenden Gebärdensprache als Hauptsprache, die auch im Fernsehen und bei öffentlichen Veranstaltungen ein vertrautes Phänomen ist. Doch Gebärdensprache wurde von der Gesellschaft nicht immer akzeptiert. Im Jahr 1880 fand eine Konferenz »Über die Erziehung der Gehörlosen« statt, an der 164 Delegierte aus sieben Ländern teilnahmen, wobei nur einer von ihnen selbst gehörlos war. Nach einer sechstägigen Diskussion untersagten die Konferenzteilnehmer weltweit die Unterrichtung von gehörlosen Kindern an Schulen in der Gebärdensprache. Stattdessen sollten sie von nun an nur im Lippenlesen und im Sprechen unterrichtet werden, weil man die Auffassung vertrat, dass sie dadurch leichter in die hörfähige Gemeinschaft zu integrieren seien.

Lippenlesen ist jedoch mit vielen Ungenauigkeiten behaftet. Im Schnitt lässt sich damit nur etwa die Hälfte der geäußerten Worte erfassen. Fast ein Jahrhundert lang kämpften gehörlose Menschen gegen ihre Stigmatisierung und Unterdrückung an, um das Recht durchzusetzen, über Gebärden kommunizieren zu dürfen und ihre eigene unabhängige Kultur herauszubilden. Heutzutage haben die Pädagogen erkannt, dass gehörlose Kinder von einer flexibleren Herangehensweise an die Sprache profitieren, die ein ganzes Spektrum von Kommunikationsmethoden umfassen kann.

Die Fähigkeit zum Lippenlesen und Sprechen hilft zweifellos bei der Integration in die hörfähige Gemeinschaft, aber die Ergänzung durch Gebärdensprache kann eine bessere Beherrschung der Sprache bewirken und die Kommunikation zwischen allen erleichtern, die sie erlernen. Im Jahr 2003 wurde die »Britische Gebärdensprache« offiziell als Sprache anerkannt, die »Deutsche Gebärdensprache« ist seit 2002 als vollwertige Sprache anerkannt.

Es mag uns heute erstaunlich erscheinen, dass gehörlosen Menschen viele Jahre lang das Recht abgesprochen wurde, auf eine Weise zu kommunizieren, die sie als natürlich empfinden. Statt zu akzeptieren, dass eine stille Sprache, die einem anderen linguistischen Modell folgt, die Grundlage für eine gelungene Kommunikation bieten kann, zwängte man Gehörlose in eine gesprochene Sprache, die ihren Bedürfnissen nur in sehr eingeschränktem Maß entspricht.

Ich glaube, dass dieses Phänomen – ähnlich wie unsere Haltung gegenüber alten Menschen – unser Unbehagen sowohl gegenüber dem Schweigen als auch gegenüber jeder Abweichung von der allgemein akzeptieren Norm widerspiegelt. Doch selbst wenn wir nicht an Gehörlosigkeit leiden, können wir von der Gemeinschaft gehörloser Menschen lernen. Wenn uns Stille auferlegt wird, können wir das als Möglichkeit nutzen, um alternative Wege zu entwickeln, uns mit der Welt auszutauschen.

Ganz ruhig ist es!
So ruhig, dass es schon stört.
Die ungewohnte Stille irritiert
Mit ihrem tiefen Schweigen.
Meer, Hügel, Wald.
Dies dicht besiedelte Dorf.
Meer und Hügel und Wald
Mit ihres Lebens Treiben,
Unhörbar wie ein Traum!

Samuel Taylor Coleridge:
Frost um Mitternacht

Öffentliches Schweigen und unser Verhältnis dazu

In einer Welt voller Lärm können öffentliche Schweigemomente sehr kraftvoll sein, während unerwartete Stille manchmal seltsam und unbehaglich wirken kann. Diese Formen von Stille kriechen in unsere Alltagswelt und bewirken ein tieferes Echo. Unsere Einstellung dazu kann uns etwas über uns selbst verraten.

Funkstille

Ich habe bereits erwähnt, dass wir oft den Radioknopf drücken, wenn es um uns herum still ist. Tatsächlich hören in den Industriestaaten etwa neun von zehn Menschen jede Woche Radio. Viele Menschen tun das, um »Gesellschaft« zu haben, wenn sie allein sind, um die Langeweile beim Autofahren zu zerstreuen oder um sich zu unterhalten, wenn sie gärtnern oder Hausarbeiten erledigen.

Wenn das Radio dann unerwartet verstummt, kann das plötzliche Fehlen von Geräuschen enervierend und in manchen Fällen sogar unheilvoll wirken. Solche ungeplanten Aussetzer in der Programmübertragung erzeugen bei den Sendern ebenso wie bei den Hörern Betroffenheit. Quer durchs Land drehen die Hörer dann irritiert an dem Knopf ihres Radios herum, während die Sendeanstalten hektisch versuchen, den Sendebetrieb wieder in Gang zu bringen. Als der BBC-Sender Radio 4 im Jahre 2012 während eines Abendprogramms plötzlich Funkstille hatte, fragte ein Hörer auf Twitter, ob ein Atomkrieg ausgebrochen sei.

Auch wenn der Kommentar vermutlich spaßig sein sollte, hatte die Frage doch einen finsteren Hintergrund. Kommandeure von U-Booten, die mit Trident-Atomraketen bestückt sind, sollen den BBC-Sender Radio 4 als Hinweis nutzen, ob auf Großbritannien ein nuklearer Angriff ausgeübt wurde oder nicht. Wenn sie das Programm des Senders eine bestimmte Anzahl von Tagen hintereinander nicht empfangen können, müssen sie annehmen, dass es bei der BBC niemanden mehr gibt, der auf Sendung gehen kann, und dass die britische Bevölkerung ausgelöscht wurde. Dann müssen sie zu einem bestimmten Safe an Bord gehen und den »Letter of last resort«, den »Brief des letzten Mittels«, öffnen. Dabei handelt es sich um die handgeschriebenen und versiegelten Anweisungen des Premierministers hinsichtlich des Einsatzes der Atomsprengköpfe für den Fall eines atomaren Angriffs auf das Vereinigte Königreich.

Einfrieren auf der Bühne

Ein ungeplantes Verstummen bei Lifeauftritten kann sogar noch unangenehmer sein. Eine Verwandte erzählte mir von einem Konzert, das sie kürzlich besucht hatte. Zu Beginn des Konzerts saß das Publikum gespannt in den Sitzen und wartete darauf, dass die Musiker anfingen. Man hörte etwas Gescharre, und möglicherweise räusperten sich einige. Der Dirigent stand mit herabhängenden Armen da. Die Sekunden verstrichen. Die Stille war mit Händen zu greifen. Gab es irgendein Problem? Es knarrte laut, als sich ein Konzertbesucher in seinem Stuhl zurücklehnte. Auf was wartete der Dirigent, auf den sich die Aufmerksamkeit aller Anwesenden richtete? Weitere Sekunden verstrichen. Dann hob er die Arme, und das Konzert begann.

Diese ein wenig ausgedehnte Stille hatte eine Erhöhung der Spannung bewirkt, sodass alle in Erwartung der ersten Töne die Ohren spitzten. Vielleicht war das die Absicht des Dirigenten gewesen. Möglicherweise hatte er auch nur auf die perfekte Stille gewartet, um das Stück beginnen zu lassen. Als das geschah, hatte die Aufmerksamkeit des Publikums ihren Höhepunkt erreicht. Für eine wirklich hervorragende Aufführung muss die Qualität der Darbietung der Qualität des Zuhörens entsprechen. Möglicherweise war diese Stille die Methode des Dirigenten, sowohl das Publikum als auch das Orchester zu steuern.

Ungewollte Stille hingegen kann äußerst unangenehm sein. Das gilt besonders dann, wenn ein Schauspieler auf der Bühne unvermittelt einfriert. Schauspieler berichten immer wieder, dass viele ihrer Träume von der Angst handeln, den Text zu vergessen. Aber man muss kein Berufsschauspieler sein, um solche Albträume zu haben. Viele von uns träumen davon, plötzlich keine passenden Worte mehr zu finden. Solche Träume ähneln etwa denen, nackt und ohne ausreichende Vorbereitung in einer Prüfung zu sitzen.

»Aus der Rolle fallen« ist ein verwandtes Problem. Dabei verpatzt ein Schauspieler seinen Auftritt, indem er beispielsweise vor lauter Nervosität in einem ungeeigneten Moment in Gelächter ausbricht, etwa in einer dramatischen Sterbeszene. Auch Radio- und Fernseh-Moderatoren kennen das Problem, nicht sprechen zu können, weil sie versuchen, Gelächter zu unterdrücken, und dann in ein unkontrolliertes Gekicher ausbrechen.

Solche Augenblicke unerwarteter Stille können höchst unangenehm sein. Vielleicht deshalb, weil sie an unsere tiefsten Ängste rühren. Funkstille im

Radio kann sogar ein Hinweis darauf sein, dass die uns vertraute Welt im Zerfall begriffen ist. Um weniger geht es, wenn wir uns ein Theaterstück anschauen. Dann sind wir bereit, unsere Ängste für die Dauer der Aufführung beiseitezuschieben, und wenn ein Schauspieler oder eine Schauspielerin den Text vergisst, sind wir gezwungen, schnell wieder aus der Welt aufzutauchen, in die wir uns versenkt haben.

Solche Erfahrungen zeigen uns, wie stark die Wirkung von Schweigen und Stille auf uns sein kann. Wenn wir damit konfrontiert werden, können wir unsere Reaktion darauf beobachten und daraus lernen. In einem kurzen Augenblick kann Stille all unsere Annahmen darüber durchtrennen, wie die Welt funktioniert, und alles in Zweifel ziehen. Vielleicht kommt das daher, dass wir eigentlich wissen, dass Stille irgendeine Verbindung zu den größeren Geheimnissen des Lebens hat. Stille kündet von Transzendenz, der Auflösung des Egos und schließlich vom Tod. Solche Gedanken zu akzeptieren, ist keine leichte Aufgabe.

Kollektive Stille

Es ist zu einem festen Bestandteil der westlichen Kultur geworden, Verstorbene durch ein oder zwei Schweigeminuten zu ehren. In den Mitgliedsstaaten des Commonwealth of Nations wird dieses Ritual zum Beispiel jedes Jahr am 11. November, dem »Remembrance Day«, praktiziert, an dem man der Kriegstoten gedenkt. Im Vereinigten Königreich und in anderen Staaten folgen Menschen dieser Tradition entweder in entsprechenden Gottesdiensten oder während sie ihren alltäglichen Pflichten nachgehen. In Deutschland entspricht dieser Gedenktag dem Volkstrauertag im November, zwei Wochen vor dem ersten Adventssonntag, an dem der Kriegsopfer der beiden Weltkriege und des Nationalsozialismus gedacht wird.

Überall in der Welt wurde ein Moment kollektiver Stille zur Standardmethode, um die zu ehren, die unter bestimmten Umständen gestorben sind, vor allem auf tragische oder schockierende Weise. Diese Tradition wird gern von einer Bevölkerung gepflegt, die aus Menschen mit unterschiedlichen religiösen Ansichten besteht. Weil ein Augenblick des Schweigens – anders als etwa ein Gebet – von den Teilnehmern keine bestimmten Überzeugungen oder Einstellungen verlangt, betrachtet man diese Form des Gedenkens als etwas, das alle einschließt und an dem alle teilnehmen können. In Ländern wie den Vereinigten Staaten, wo Staat und Religion voneinander getrennt werden und Gebete in staatlichen Schulen untersagt sind, ist eine Schweigeminute eine Möglichkeit, der stillen Einkehr Raum zu geben.

Schweigemomente werden manchmal nach einer großen Katastrophe oder einem tragischen Ereignis national oder sogar international abgehalten. Ein Beispiel liefern die terroristischen Anschläge vom 13. November 2015 in Paris, bei denen 130 Menschen durch Islamisten ermordet und zahlreiche weitere verletzt wurden. Drei Tage später wurde in ganz Europa mit einem zweiminütigen Schweigen der Opfer gedacht. Respektvolle Schweigeminuten können durch bestimmte Gruppen auch lokal durchgeführt werden, beispielsweise innerhalb einer Bildungseinrichtung oder einer Belegschaft.

Auch zu Beginn von Fußballspielen sind oft Augenblicke des Schweigens zu beobachten. Das gemeinsame Schweigen von Zehntausenden von Menschen kann eine außerordentlich beeindruckende Erfahrung sein. Stille ermöglicht ganz allgemein die persönliche innere Sammlung und auch die Verarbeitung von Trauer. Eine solche Gruppenerfahrung lässt im gesamten Stadium eine kollektive Energie und ein Gefühl von Gemeinschaft entstehen.

Allerdings verlaufen nicht alle Momente der Stille nach Plan. Vielmehr werden sie sehr oft durch Sprechchöre, Geschrei und sogar Buhrufe gestört. Das kann eine Reaktion auf die Anspannungen unter den Fans wegen des bevorstehenden Spiels sein. Manchmal kann man störenden Lärm auch als politische Geste interpretieren. Als türkische Fans während einer Schweigeminute zu Ehren der Opfer der terroristischen Anschläge in Paris 2015 buhten, wurde ihr Lärm von manchen als Reaktion auf »die

Scheinheiligkeit des Westens« interpretiert, der es versäumt hatte, auf ähnliche Weise den Tod von über hundert Türken durch einen Bombenanschlag in Ankara nur wenige Wochen vorher zu würdigen.

In jüngster Zeit ist im Fußball eine neue Praxis in Mode gekommen, bei der Fans statt der traditionellen Schweigeminute eine Minute lang applaudieren. Diese Sitte geht darauf zurück, dass Fans, die gebeten wurden, die Lebensleistung der angesehenen Fußballer George Best und Alan Ball zu ehren, spontan zu klatschen anfingen. Seitdem haben einige Fußballteams ausdrücklich um Applaus statt Schweigen gebeten. Manche halten das für eine gute Alternative zur Schweigeminute, weil es den Anhängern – wie im Fall von George Best und Alan Ball – ermöglicht, die Lebensleistungen der Verstorbenen tatsächlich zu feiern. Und weil Applaus störende Rufe und Sprechchöre übertönt, verhindert er auch, dass die Ehrung möglicherweise untergraben wird.

Andere wenden ein, dass Applaus eine andere Funktion erfüllt als Stille. Stille ist etwas Besonderes und zugleich ein individueller und ein kollektiver Akt. Wenn eine Gruppe schweigt, hat jedes einzelne Mitglied dieser Gruppe die Macht, die Stille aufrechtzuerhalten oder zu brechen. Beim Applaus hingegen fällt es akustisch nicht sonderlich ins Gewicht, wenn eine einzelne Person nicht mitklatscht. Manche Kritiker weisen darauf hin, dass der Trend weg vom Schweigen ein Hinweis auf ein wachsendes

Unbehagen in Bezug auf Stille ist. Möglicherweise empfinden die Menschen Stille heutzutage als so unangenehm, dass sie unfähig sind, sich zurückzuhalten und still zu bleiben.

Mit respektvoller Stille unter alltäglichen Bedingungen umzugehen kann sogar noch schwerer sein. Wenn Sie nicht gerade im Gottesdienst sind, kann es unklar sein, wann das Schweigen beginnt und wann es endet. Interaktionen zwischen denen, die es praktizieren, und denen, die es nicht praktizieren, können ebenfalls irritierend sein.

Am Remembrance Day 2014 fuhr eine ältere Dame gerade mit ihrem Auto die Kensington High Street in London entlang, als sie im Radio hörte, dass es kurz vor 11.00 Uhr sei. Sie bog in eine Seitenstraße ab, hielt an einer sicheren Stelle und stieg aus, um schweigend ihres Großonkels zu gedenken, der im Ersten Weltkrieg gefallen war, während er andere verteidigt hatte. Sie berichtete später, dass ein Verkehrspolizist zu ihr gekommen sei und ihr gesagt habe, sie dürfe dort nicht parken, da sie auf einer doppelten gelben Linie stehe. Als sie sich nicht rührte, schrieb er ihr einen Strafzettel.

Mit 15 arbeitete ich als Barista in einem Café in einem Bahnhof. Es traf sich, dass meine reguläre Schicht auf den Morgen des Remembrance Day fiel. Als der Zeiger der Bahnhofsuhr auf 11.00 Uhr sprang, wurde es merklich ruhiger im Bahnhof. Viele Menschen blieben stehen und senkten die Köpfe.

Allerdings tat das nicht jeder. Eine Frau in den Dreißigern kam an die Theke und bat mich um einen Latte macchiato mit Haselnuss. Ich wollte ihr nicht sagen, dass ich die zwei Schweigeminuten befolgte. Stattdessen nahm ich ihre Bestellung und ihr Geld höchst einsilbig entgegen und zuckte zusammen, als der Milchschäumer in der Stille über dem Bahnhof laut aufkreischte.

VISUALISIERUNG

Der Dirigent

Stellen Sie sich vor, dass Sie ein Dirigent sind. Während sie die Konzerthalle betreten, steht das Orchester auf, und das Publikum applaudiert. Sie gehen durch die Orchesterreihen, vorbei an dem blinkenden Metall der Posaunen und Trompeten. Die Musiker sind in Schwarz gekleidet und halten ihre Instrumente senkrecht. Sie gehen an den Flötisten und Oboisten vorbei zu den ersten Geigen, wo eine Frau Ihre ausgestreckte Hand nimmt.

Sie steigen auf Ihr Podest, wenden sich dem Publikum zu und würdigen seinen Applaus. Dann drehen Sie sich wieder zum Orchester hin. Sie warten und lauschen auf den perfekten Augenblick der Stille. Wie hört er sich an?

Gesprächspausen

Natürlich sind gezielt eingesetzte Pausen nicht die einzige Art von Stille, die in einer Gruppe entstehen kann. Manchmal, wenn mehrere Gespräche parallel laufen, senkt sich eine unerwartete Stille auf die Gruppe, und es gibt ein oder zwei Augenblicke des Schweigens, bevor die Unterhaltung weitergeht. Das kann während der Mittagspause in der Kantine, in einem Café oder in einem Unterrichtsraum geschehen. Es gibt verschiedene Theorien, warum so etwas passiert.

Einer abergläubischen Erklärung nach sollen Gespräche ins Stocken kommen, weil alle Wesen – ob bewusst oder nicht – innehalten, um die Engel singen zu hören. Ein anderer Aberglaube aus Amerika besagt, dass solche Pausen vorwiegend 20 Minuten nach der vollen Stunde auftreten und den Augenblick kennzeichnen, an dem Abraham Lincoln seinen letzten Atemzug tat (der Präsident der Vereinigten Staaten wurde am 14. April 1865 angeschossen und starb am folgenden Morgen um 7:22 Uhr).

Einer wissenschaftlicheren Theorie zufolge sollen Menschen im Lauf der Geschichte das gelegentliche Einlegen von Gesprächspausen entwickelt haben, um zu lauschen, ob sich Raubtiere oder rivalisierende Stämme nähern. Die vielleicht wahrscheinlichste Erklärung liegt im Welleneffekt: Da Pausen ein natürlicher Bestandteil von Gesprächen sind, überschneiden sich solche Pausen manchmal mit parallelen Gesprächen. Wenn das geschieht, bemerken Personen, die sich in der Nähe unterhalten, zuweilen das plötzliche Fehlen von Hintergrundgeräuschen, was ihre Aufmerksamkeit ablenkt. Instinktiv beginnen sie, diesem ungewohnten Mangel an Geräuschen zu lauschen, und verstummen dann selbst. Dieser Effekt passiert am ehesten in einem Umfeld, in dem die Redner mit halbem Ohr lauschen, etwa, ob ein Lehrer im Klassenzimmer auftaucht oder eine Aufführung beginnt.

Stille als Übereinkunft

All diese Formen des Schweigens zeigen uns, wie flexibel und vielfältig Stille ist. Stille ist kein festgelegtes Konzept, das wir als gut oder schlecht, nützlich oder unnütz klassifizieren können. Stille hat vielmehr viele unterschiedliche Qualitäten und Erscheinungsformen, und die Art der Stille hat enorme Auswirkungen darauf, wie wir sie erleben und interpretieren. Wenn Menschen zusammenkommen, treffen sie – in der Regel ohne explizite Bestätigung – eine bestimmte Vereinbarung, wie sie in ihrer gegenseitigen Kommunikation das Schweigen einsetzen. Diese Vereinbarung geschieht fortlaufend, weil wir alle kleine Anpassungen an unserer Sprechweise vornehmen. Manchmal wird das Schweigen zu einer

Art kollektivem Bündnis – dann ist es wirklich sehr kraftvoll.

Zusammenfassung

In diesem Abschnitt habe ich beschrieben, wie wir Stille als Leitprinzip in unseren Interaktionen einsetzen können, um friedliche Beziehungen zu pflegen. Dabei bin ich auch darauf eingegangen, wie wir das Schweigen anderer Menschen sowohl im privaten als auch im öffentlichen Bereich einordnen.

Welche Formen von Stille wir erleben, hängt eng damit zusammen, wie wir mit anderen Menschen kommunizieren. Schweigen kann als eine Haltung in Gesprächen eingesetzt werden. Es signalisiert Zuhören, Offenheit und manchmal die Bereitschaft nachzugeben. Mit »Nachgeben« meine ich, unser Ego und unsere Meinungen hintenanzustellen, sodass wir gegenüber den Gedanken und Erfahrungen anderer Menschen aufnahmebereit sein können. Solch ein Schweigen kann Räume sowohl für uns selbst als auch für andere umfassen und nähren.

Die zweite Hälfte dieses Abschnitts beschäftigt sich mit verschiedenen Formen, in denen sich Stille in unserer Gesellschaft zeigt. Da Schweigen nicht unser normaler Seinszustand ist, kann es beeindruckend und zuweilen auch unangenehm sein. Ich habe dargelegt, warum wir uns beim Schweigen einer Einzelperson oder einer

Gruppe manchmal unbehaglich fühlen. Gelegentlich kann ein Mangel an Respekt gegenüber dem Wert der Stille dazu verführen, unsere eigenen Anliegen vorzubringen, wenn andere verstummen. In anderen Fällen vermittelt uns Schweigen das Gefühl, verletzlich und schutzlos zu sein.

Innere Stille entwickeln

Jenseits der Vorstellungen von
richtig und falsch liegt ein Ort.
Dort werde ich dich treffen.

Wenn sich die Seele da ins Gras legt,
ist die Welt zu umfassend, als dass man
über sie sprechen könnte.

RUMI (persischer Mystiker und Dichter
aus dem 13. Jahrhundert)

Bisher haben wir die Möglichkeiten betrachtet, wie wir durch die Orte, an denen wir unsere Zeit verbringen, und die Aktivitäten, für die wir uns entscheiden, mehr Stille in unser Leben bringen können. Wir haben uns angesehen, wie wir das Schweigen als Instrument in unserer Kommunikation einsetzen und es interpretieren können, wenn es uns unter verschiedenen Umständen auferlegt wird.

Im Folgenden geht es um das Konzept der Entwicklung innerer Stille – einer Stille, die nicht von äußeren Bedingungen abhängig ist wie dem Umfeld, in dem wir leben, oder den Menschen, mit denen wir zusammen sind. Das ist vielleicht die wichtigste Kunst der Stille.

Stille für uns selbst beanspruchen

Es ist realistisch und vernünftig anzuerkennen, dass unser Umfeld und unsere Beziehungen den Zustand unseres Geistes beeinflussen. Doch wir sind in der Lage zu lernen, wie wir innerlich ruhiger werden können, sodass unsere Zufriedenheit nicht ganz und gar von diesen äußeren Bedingungen abhängt. Wir können viel dafür tun, um uns die Rahmenbedingungen für ein Leben zu schaffen, das Ruhe und Frieden fördert. Dennoch haben wir nicht alles in der Hand. Selbst diejenigen von uns, die sich bestens vorbereitet haben, werden regelmäßig mit Phasen konfrontiert, in denen Unvorhergesehenes geschieht und die Dinge nicht nach Plan verlaufen.

Wir können nicht jeden Termin ablehnen, der sich in unseren Zeitplan drängt, und wir können nicht einfach all unseren Besitz einem Sozialkaufhaus schenken. Und selbst wenn wir vielleicht Einfluss darauf nehmen können – wir haben trotzdem keine Kontrolle über die Art, wie andere Menschen mit uns reden. Das bedeutet, dass wir lernen müssen, wie wir all unsere täglichen Herausforderungen in den Griff bekommen, damit sie uns nicht überwältigen. Dazu wiederum müssen wir lernen, wie sich unser »innerer Ort der Stille« stärken lässt, von dem wir selbst dann profitieren können, wenn uns die Welt zu überrollen droht.

Wir können nicht auf Knopfdruck ein Gefühl innerer Ausgeglichenheit und Ruhe erzeugen. Wir müssen die Fähigkeit dazu im Lauf der Zeit durch regelmäßiges Üben erwerben. Der Gedanke, dass wir es erlernen können, ruhiger zu werden, kann überraschend wirken, denn viele Menschen glauben, sie seien mit der Persönlichkeit geschlagen, die ihnen von Geburt oder früher Kindheit an mit auf den Weg gegeben wurde. Dabei hat die Wissenschaft immer wieder gezeigt, dass unsere Fähigkeiten nicht festgelegt sind und wir viel dafür tun können, um die Art unseres Denkens, Fühlens und Handelns zu verbessern.

Bewusstseinsarbeit ist allerdings nichts, was wir zu einer bestimmten Tageszeit erledigen müssen. Es ist keine weitere Routineaufgabe, die abgehakt (oder auf später verschoben) wird. Ich spreche dieses Thema zwar erst ziemlich spät in diesem Buch an, aber tatsächlich können wir unser Bewusstsein schulen, während wir an unserer Kommunikation, unseren Aktivitäten und unserem Umfeld arbeiten.

Es gibt drei zentrale Ansätze, die uns dabei helfen können, ein Gefühl innerer Stille zu erlangen. Wir können:

- lernen, die Stille, die wir bereits erworben haben, zu würdigen;
- ein von den äußeren Umständen unabhängiges Gefühl innerer Ruhe und Ausgeglichenheit ausbilden;
- Schritte unternehmen, um das ständige Geplapper des Verstandes zur Ruhe zu bringen.

Alle diese Ansätze verlangen von uns, eine grundlegende Achtsamkeit zu entwickeln. Dabei handelt es sich um etwas, das jeder gelegentlich erlebt, auch wenn wir vielleicht nicht diesen Begriff dafür verwenden. Achtsamkeit kann unter bestimmten Umständen ganz natürlich entstehen – etwa wenn wir einen schönen Sonnenuntergang beobachten oder am Morgen aus dem Fenster blicken und feststellen, dass die Häuser und Straßen mit Schnee bedeckt sind. Diese Art von Achtsamkeit muss keine wohltuende Erfahrung sein, die wir nur ab und zu machen. Wir können uns vornehmen, Achtsamkeit zu üben, damit wir häufiger aufmerksam sind. Mithilfe dieser Fähigkeit können wir lernen, wie wir Achtsamkeit einsetzen können, um mehr Stille in unser Leben zu bringen.

Mithilfe von Achtsamkeit die Stille würdigen, die wir bereits haben

Wie schon gesagt, lassen wir uns oft Gelegenheiten entgehen, Stille zu erfahren, indem wir zum Handy greifen oder das Radio anschalten. Doch es gibt überall und jederzeit Augenblicke der Stille; wir müssen uns nur die Zeit dafür nehmen, sie zu registrieren. Wenn wir lernen, mehr von dieser Stille Gebrauch zu machen, haben wir möglicherweise weniger das Bedürfnis dazu, unsere Umwelt oder unseren Terminkalender zu verändern.

Das Erste, was wir tun müssen, ist wahrnehmen. Das klingt vielleicht nicht nach einer besonders wichtigen Aufgabe, dennoch ist Wahrnehmung eines der mächtigsten Mittel zur Veränderung. Sobald wir damit beginnen, das, was geschieht, wahrzunehmen – ob es unsere Handlungen, Erfahrungen, Gedanken oder Gefühle betrifft –, können wir behutsame, bewusste Entscheidungen darüber treffen, wie wir reagieren. Wir können das in allen Bereichen unseres Lebens anwenden. Wenn wir eine Wiederauffrischung benötigen, können wir die Momente der Stille um uns herum wahrnehmen. Wir können beschließen, diese Pausen zu feiern und unseren Durst am Brunnen der Stille zu löschen.

Wenn wir die Momente der Stille nicht bemerken – womöglich nicht einmal andere Augenblicke in unserem Leben –, dann ist es, als hätten wir den

Autopiloten eingeschaltet, und wir erleben alles nur im Halbschlaf. Ist uns nicht bewusst, was wir tun, riskieren wir, reflexartig auf die Dinge in unserem Leben zu reagieren, ohne weiter darüber nachzudenken, ob unsere Reaktion im Moment wirklich weise und hilfreich ist. Wenn wir ohne jede Achtsamkeit durchs Leben treiben, sitzen wir nicht selbst hinter dem Steuer und sind nicht wirklich Herren unseres eigenen Verstandes.

Wahrnehmen ist ein Moment der Achtsamkeit – die Qualität des Geistes, wenn wir dessen gewahr sind, was wir gerade erleben. Der Buddhismus kennt viele Analogien zur Achtsamkeit. Sie wird als die Art von Aufmerksamkeit definiert, mit der ein Schäfer über seine Schafherde wacht oder ein Wachposten am Stadttor alle beobachtet, die die Stadt betreten oder verlassen. Es ist keine festgelegte, auf einen bestimmten Punkt fixierte Aufmerksamkeit, die alles andere ausblendet; das wäre etwas anderes. Achtsamkeit ist umfassender und aufnahmebereiter.

Wenn wir uns in Achtsamkeit üben und uns Zeit dafür nehmen, unsere Umgebung, unsere Gefühle oder die momentanen Geschehnisse zu registrieren, werden wir uns stärker dessen bewusst, was geschieht. Solche Augenblicke der Achtsamkeit vermitteln uns das Gefühl, lebendiger und stärker mit der Welt um uns herum verbunden zu sein. Wenn wir nicht bemerken, was passiert, können wir es nicht würdigen. Das heißt, wenn wir ruhige Phasen in unserem Leben nicht wahrnehmen, können wir nicht von der Stille profitieren, die sie mit sich bringen.

Achtsamkeit hilft uns, uns unsere Erfahrungen im Hier und Jetzt bewusst zu machen. Wenn wir nicht aufmerksam sind, ziehen schöne, friedliche Augenblicke möglicherweise an uns vorbei, ohne dass wir das auch nur mitbekommen. Denken Sie an die weiter oben beschriebenen Menschen, die durch das Moor gehen (siehe »Erbauliche Dinge tun«). Es war Achtsamkeit, die es mir erlaubte, die beeindruckende, zeitlose Schönheit dieser Szenerie zu erkennen. Nach Stille zu suchen ist sinnlos, wenn wir noch nicht einmal die Augenblicke bemerken, in denen wir sie bereits haben.

Ruhigere Phasen können lang oder kurz sein. Wenn wir lernen, im gegenwärtigen Augenblick achtsam zu sein, können wir damit beginnen, die Lücken zwischen Wörtern, Gedanken und sogar Atemzügen wahrzunehmen und wertzuschätzen.

Wie man seine Achtsamkeit erhöht

Als Erstes müssen wir uns zur Achtsamkeit bekennen. Das heißt, dass wir mehr davon haben wollen. Wir müssen zu verstehen beginnen, dass sie hilfreich für uns ist, und beschließen, sie wachsen zu lassen. Glücklicherweise entsteht so eine positive Dynamik.

Wenn wir uns über mehr Achtsamkeit in unserem Leben freuen, können wir sie leichter wahrnehmen und besser erkennen, wie sie uns nützt. Setzen wir sie ein, um Stille zu finden, bemerken wir diese Momente der Stille überall um uns herum. Das wiederum verstärkt unsere Motivation, unser Level an Achtsamkeit zu erhöhen.

Wir alle erleben gelegentlich Achtsamkeit, ob wir uns nun bewusst darum bemühen oder nicht. Darum besteht der erste Schritt einer absichtsvollen Praxis von Achtsamkeit darin, sie zu erkennen und sich mit ihren Eigenschaften vertraut zu machen. Achtsamkeit erzeugt das Gefühl, geistig präsent zu sein – anders gesagt, alle seine fünf Sinne beisammen zu haben.

Wenn wir dagegen nicht achtsam sind, nehmen wir den gegenwärtigen Augenblick und das, was geschieht, nicht wahr. Statt zu bemerken, dass sich die Dinge um uns herum beruhigt haben und Stille eingetreten ist, denken wir über etwas anderes nach. Sehr oft sind wir in innere Fantasien versunken, indem wir uns beispielsweise über Zukünftiges Sorgen machen oder über Vergangenes nachgrübeln. Wir können in Gedanken und Gefühlen gefangen sein und gar nicht bemerken, dass das geschieht. Das kann dazu führen, dass wir unklug handeln und die Fassung verlieren, was es schwerer macht, den Geist der Stille zu fördern.

Wenn wir uns daranmachen, Achtsamkeit zu praktizieren, ist es wichtig zu bemerken, wenn unser

Bewusstsein in eine Selbstvergessenheit abgleitet. Das Wunderbare daran ist: Sobald wir erkennen, dass sich unser Bewusstsein in etwas verfangen hat, ist das automatisch schon die Rückkehr zur Achtsamkeit.

Denn jetzt brauchte
sie über niemanden nachzudenken.
Sie konnte sie selbst sein, allein sein. Und das
war es, wonach sie jetzt oft das Bedürfnis verspürte –
nachzudenken; nein, nicht einmal nachzudenken.
Still zu sein; allein zu sein. All das Sein und Tun, das
raumgreifende, glitzernde, vernehmliche, verdurstete;
und man schrumpfte, mit einem gewissen Gefühl der
Feierlichkeit, darauf zusammen, man selbst zu sein,
ein keilförmiges Kerngehäuse im Dunkeln, etwas für
andere Unsichtbares. … Und dieses Ich, das seine
Bindungen abgeworfen hatte, war frei für die
seltsamsten Abenteuer. Wenn das Leben
für einen Augenblick Ruhe gab, schien die
Reichweite der Erfahrung grenzenlos.

VIRGINIA WOOLF: *Zum Leuchtturm*

Der Atem als Anker der Achtsamkeitspraxis

Achtsamkeit kann potenziell zu jeder Zeit vorhanden sein – was auch immer wir denken oder tun. Doch wenn wir unseren Verstand nicht gerade gezielt dafür einsetzen, irgendein Problem in der Vergangenheit oder Zukunft zu ergründen, ist der gegenwärtige Augenblick der ideale Ruhepunkt. Wenn wir den gegenwärtigen Augenblick konkret erleben, stellen wir möglicherweise erstaunt fest, dass er stiller ist als erwartet.

Manchmal ist es schwierig, in den gegenwärtigen Augenblick hineinzukommen. Aber wir können den Atem als Orientierungshilfe nutzen, um das zu schaffen. Der Atem eignet sich besonders gut als Richtwert, weil er immer vorhanden und stets einmalig ist. Er findet immer im Hier und Jetzt statt. Deshalb verankern wir unseren Geist jedes Mal, wenn wir ihn zurück zum Atem lenken, in der Erfahrung des gegenwärtigen Augenblicks.

Der Atem macht uns auch unseren Körper bewusst, den wir zu vergessen neigen, wenn wir in Gedanken abschweifen. Außerdem verbindet er uns offensichtlich mit der Außenwelt, denn dieser Gasaustausch ist unverzichtbar für unser Leben, und wir sind untrennbar mit unserer Umwelt verbunden. Sie umgibt uns seit dem Tag unserer Geburt und wird das auch weiterhin tun, bis wir sterben. Obwohl der Atem auf einer Ebene ausgesprochen einfach ist, weist er auf einer anderen Ebene vielfältige Nuancen und Feinheiten auf. Das macht ihn auf allen Ebenen zu einem hervorragenden Objekt unserer Aufmerksamkeit.

Wir können uns vornehmen, uns ständig unseres Atems bewusst zu sein. Doch unweigerlich vergessen wir schon bald wieder, was wir tun, und unsere Gedanken schweifen in eine andere Richtung ab, häufig in die Vergangenheit oder Zukunft oder zu irgendeinem anderen Szenario in unserer Vorstellung. Wenn wir unsere Aufmerksamkeit dann zurück auf unseren Atem lenken, hilft uns das, wieder achtsam zu sein und geistige Ablenkungen einfach durch uns hindurchziehen zu lassen.

Wenn wir unsere Aufmerksamkeit wieder und wieder auf den gegenwärtigen Augenblick lenken, können wir diese Bemühung als »Achtsamkeit praktizieren« bezeichnen. Schon bald wird dieser Ablauf zu einer geistigen Angewohnheit, und die Achtsamkeit entsteht leichter und häufiger. Unser Geist, der jetzt für die Beschaffenheit jedes Augenblicks sensibilisiert ist, kann nun die Momente der Stille, die entstehen, umso mehr schätzen.

Doch trotz bester Absichten ist es oft schwer, achtsam zu bleiben, und wir stellen möglicherweise fest, dass wir den Prozess für lange Zeit aus den Augen verlieren. Wir können der Sache nachhelfen, indem wir bestimmte Übungszeiten festlegen. Eine der besten Möglichkeiten dazu ist, jeden Tag ein paar

Minuten lang still dazusitzen und sich einfach nur vorzunehmen, beispielsweise auf seinen Atem zu achten. Diese Art von sitzender Übung ist das, was man unter dem Begriff »Meditation« versteht.

Wir können zu jeder Tageszeit meditieren, so lange, wie wir wollen, und unter jedweden Umständen. Doch täglich eine feste Zeit für die Stille zu reservieren und sich schweigend in eine Meditation zu versenken, ohne durch irgendetwas abgelenkt zu werden, hilft uns dabei, unsere Konzentration aufrechtzuerhalten und unsere Aufmerksamkeit ganz auf die Übung zu richten.

Wenn Sie sich regelmäßiges Meditieren zur Gewohnheit machen – vielleicht täglich ein paar Minuten –, ist das ein bisschen wie Muskeltraining. Wir werden immer vertrauter mit der Achtsamkeit. Wir wissen, wie sie sich anfühlt, und können sie erkennen, wenn sie vorhanden ist. Das macht es erheblich leichter, sie zu jeder anderen Zeit des Tages entstehen zu lassen, unabhängig davon, wie laut es drum herum ist – selbst dann, wenn die Umstände schwierig sind.

ÜBUNG

Eine Meditationspraxis

Reservieren Sie sich ein wenig Zeit, in der Sie nicht gestört werden. Finden Sie einen ruhigen Ort. Sie können sich auf einen Stuhl oder ein Kissen auf dem Boden setzen. Versichern Sie sich, dass Ihr Rücken gerade, aber nicht steif ist. Es kann hilfreich sein, wenn Sie Ihr Becken nach vorn kippen, indem Sie Ihr Gesäß mit einem festen Kissen anheben. Aufrecht zu sitzen kann die geistige Aufmerksamkeit sehr unterstützen, und die Haltung erinnert Sie daran, sich unvermindert auf Ihre Aufgabe zu konzentrieren.

Schließen Sie die Augen, und lassen Sie sich ein paar Augenblicke Zeit, um geistig durch Ihren Körper zu wandern – von Ihrem Scheitel bis hinab zu Ihren Füßen. Nehmen Sie jeden Bereich Ihres Körpers wahr, und gestatten Sie es Ihren Muskeln, sich zu entspannen.

Machen Sie sich Ihren Atem bewusst. Lassen Sie ihn langsam tiefer werden, bis er beim Einatmen Ihren gesamten Brustraum füllt und ihn beim Ausatmen vollständig leert. Beobachten Sie, wie Ihr Atem in Ihren Körper herein- und dann wieder aus ihm hinausströmt. Spüren Sie, wie sich Ihre Brust ausdehnt und wieder zusammenzieht. Lassen Sie mit Ihrem entspannten, tiefen Atem Ihre Aufmerksamkeit an dem Ort ruhen, an dem die Atemluft als Erstes Ihren Körper berührt – an den Nasenlöchern oder vielleicht an der Oberlippe. Nehmen Sie wahr, wie die Luft beim Einatmen kühler und beim Ausatmen wärmer ist.

Halten Sie Ihre Aufmerksamkeit weiter auf diesen Punkt gerichtet, ohne sich dabei anzustrengen. Immer wenn Sie bemerken, dass Ihr Geist abgeschweift ist, bringen Sie Ihre Aufmerksamkeit sanft, aber nachdrücklich zu Ihren Nasenlöchern oder zu Ihrer Oberlippe zurück. Fahren Sie damit einige Minuten lang fort, idealerweise die dafür vorgesehene Zeit.

Lenken Sie Ihre Aufmerksamkeit dann wieder auf Ihre Brust. Nehmen Sie wahr, wie Ihr Atem in Ihre Brust herein- und anschließend wieder aus ihr hinausströmt. Lassen Sie Ihren Atem langsam wieder zu seiner normalen Länge zurückkehren. Wenn Sie bereit sind, beenden Sie die Übung.

Sobald Sie mit der Aufgabe vertraut geworden sind, Ihre Aufmerksamkeit auf den Atem zurückzulenken, können Sie diese Übung zu jeder Zeit des Tages machen. Auch wenn wir vielleicht nicht in jeder Minute stille Momente finden, können wir dennoch, wo wir auch hinschauen, etwas entdecken, das das Wesen der Stille in sich birgt. Stille fördert einen aufnahmefähigen, wachen, offenen Geist sowie die Fähigkeit zuzuhören. Ohne Achtsamkeit können wir diese Eigenschaften nicht entwickeln. Außerdem sind sie nützlich, unabhängig davon, wie laut das Umfeld ist. Möglicherweise stellen Sie ja tatsächlich fest, dass es sich lohnt, sich *ständig* in Achtsamkeit zu üben – zumindest immer dann, wenn Sie daran denken. Uns unseres Atems stets ein wenig bewusst zu sein stört uns nicht dabei, unseren täglichen Aufgaben nachzugehen. Tatsächlich macht es uns erheblich kompetenter und effizienter. Wenn wir in jeden Augenblick Achtsamkeit bringen, sind wir in unserem Leben wirklich anwesend und steuern es aktiv.

Die richtigen Bedingungen zur Förderung von Achtsamkeit schaffen

Ich habe bereits erläutert, wie wir an unserem Bewusstsein arbeiten können, während wir zugleich andere Veränderungen in unserem Leben vornehmen – beispielsweise bei den Aktivitäten, die wir erledigen, oder bei der Art, in der wir eine Beziehung zu anderen herstellen. Manche Orte und Aktivitäten laden eher zur Achtsamkeit ein als andere. Es ist nichts daran auszusetzen, wenn man nach dem besten Umfeld sucht. Sie müssen sich nicht bewusst einer Herausforderung aussetzen, um Achtsamkeit unter möglichst schwierigen Bedingungen zu praktizieren. Naturbelassene Umgebungen zum Beispiel sind der Achtsamkeit und einem Gefühl des Friedens sehr förderlich. In der Natur gibt es keine Egos. Die Blätter beklagen sich nicht, wenn es im Herbst an der Zeit ist, dass sie vom Baum fallen, und die Vögel verfolgen keine heimlichen Absichten, wenn sie in der Dämmerung ihren Refrain singen. Doch wenn wir behaupten würden, dass Achtsamkeit ein natürliches Umfeld erfordert, könnte uns das zu Ausflüchten verleiten – ähnlich wie bei der Auffassung, dass wir nur in entlegenen Gegenden Naturerlebnisse haben können.

Tatsächlich kann Achtsamkeit – das, was uns dazu bringt, die Stille zu genießen – *überall und jederzeit* praktiziert werden. Wie erwähnt, wurden viele spirituelle Reisen in karge Höhlen unternommen, die zwar nicht naturfern, aber auch nicht gerade voller üppiger Flora und Fauna sind. Eine Meditation wird sehr oft mit geschlossenen Augen durchgeführt. Wenn wir unser Umfeld also noch nicht einmal sehen können, ist es zweifellos kein wesentlicher Bestandteil des Prozesses.

Warum machen wir uns dann die Mühe, einen Spaziergang zu unternehmen oder eine Blume im Garten zu betrachten, wenn wir ebenso gut mit zugezogenen Vorhängen in einer Souterrainwohnung sitzen könnten? Die Wahrheit ist, dass keinerlei bestimmte Voraussetzungen erfüllt sein müssen, damit wir Stille finden können. Aber es trifft auch zu, dass wir Menschen manche Pfade leichter finden als andere. Die meisten von uns sind der Auffassung, dass uns ein schöner Spaziergang in eine friedlichere Stimmung versetzt, als das der Fall ist, wenn wir drinnen eingesperrt sind. Die Suche nach angenehmen Erfahrungen ist ein Weg, das anzuerkennen. Allerdings ist es wichtig, sich nicht an Einzelheiten zu klammern. Denn wenn wir aus irgendeinem Grund nicht genau das Leben führen können, das wir uns wünschen – weil uns beispielsweise unser Gesundheitszustand oder unsere eingeschränkte Mobilität daran hindert oder wir im »falschen« Stadtteil wohnen –, besteht die Gefahr, dass wir pessimistisch werden und möglicherweise das Gefühl haben, dass es sich nicht lohnt, einen Versuch zu unternehmen.

Die Augenblicke ausdehnen

Wir können Achtsamkeit nutzen, um jeden einzelnen Augenblick auszudehnen. Achtsamkeit kann uns dabei helfen, die Stille, die uns genau jetzt zur

Verfügung steht, zu finden. Statt nach einer festen Vorstellung von Stille zu suchen – ob sie sich nun auf den Geräuschpegel oder die Dauer der Stille bezieht –, können wir versuchen, nach *irgendeiner* Art von Stille zu suchen.

Ich betrachte Achtsamkeit gern als Möglichkeit, die Tiefe des jeweiligen Augenblicks zu durchdringen. Sie gleicht dem Luftanhalten und Hinabtauchen ins Meer, um nach einer Perle zu suchen. Wenn wir für die Möglichkeit, die Perle zu finden, nicht offen sind, können wir sie niemals entdecken.

Innere Ruhe und Ausgeglichenheit finden

In diesem Abschnitt des Buches habe ich mich bisher auf die Förderung der Achtsamkeit als Mittel konzentriert, mehr aus jedem Augenblick herauszuholen. Achtsamkeit kann uns helfen, Augenblicke der Stille zu erkennen und zu genießen, statt ständig von einem Augenblick zum nächsten zu wirbeln.

Achtsamkeit kann uns auch dabei helfen, Beurteilungen und Etikettierungen abzustellen, was wiederum dazu führt, dass wir ausgeglichener sind und uns über Ereignisse, die wir nicht kontrollieren können, weniger aufregen. Dieses Fundament der Ruhe beinhaltet, dass wir uns etwas von dem Wesen der Stille bewahren, wie auch immer die äußeren Umstände sein mögen.

Wie wir Geräusche einstufen

Die meisten Menschen unterteilen Geräusche bewusst oder unbewusst in zwei Kategorien: in gute und schlechte Geräusche. »Gute« Geräusche stören uns nicht weiter und lassen sich auf der Suche nach Stille hinnehmen. »Schlechte« Geräusche sind das Gegenteil. Sie beeinträchtigen unseren Frieden und unsere Ruhe und gehen uns auf die Nerven.

Nach welchen Kriterien genau wir Geräusche diesen beiden Kategorien zuordnen, ist natürlich von Mensch zu Mensch verschieden, weil jeder von uns mit unterschiedlichen Geräuschen unterschiedliche Vorstellungen verbindet. Grundsätzlich jedoch neigen wir – abgesehen von einigen Ausnahmen – dazu, natürliche Geräusche als gut und von Menschen erzeugte Geräusche als schlecht einzustufen. Zu den guten Geräuschen zählen etwa das Rauschen des Windes in den Bäumen, das Rieseln von Wasser, das Zwitschern von Vögeln oder das Blöken von Schafen; zu den schlechten Geräuschen gehören Verkehrslärm, das Brummen einer Fliege am Fenster, das Knattern eines Hubschraubers, die aufschrillende Alarmanlage eines Autos, der Lärm eines Pressluftbohrers oder das Dröhnen der Bässe einer Stereoanlage.

Wenn ein Geräusch quälend laut oder schrill ist, ist leicht nachvollziehbar, warum es auf die Negativliste wandert. Doch manche Geräusche, die wir als

Belästigung empfinden, unterscheiden sich in Wahrheit nicht sonderlich von den guten Geräuschen. Nehmen Sie beispielsweise das Geräusch von Meereswellen. Die meisten Menschen betrachten es als angenehm. Je nach Entfernung sowie Windstärke und -richtung kann sich das Meer allerdings ganz ähnlich wie das monotone Rauschen einer Autobahn anhören, das bei den meisten Menschen auf der Negativliste der Geräusche steht – eine Bewertung, die sich deutlich in den Immobilienpreisen widerspiegelt.

Wenn wir Achtsamkeit in das Wahrnehmen von Geräuschen bringen, haben wir die Chance, diese Kettenreaktion zu unterbrechen und ein Geräusch zu bemerken, ohne es gleich zu etikettieren und zu kategorisieren. Wenn wir dann auf das Geräusch zu reagieren beginnen, können wir uns das bewusst machen und uns wieder auf das Geräusch als solches konzentrieren. Das bedeutet, dass wir es einfach hören. Schließlich sind Geräusche nur Schwingungen. Sie sind weder gut noch schlecht.

Dieser einfache Akt der Wahrnehmung und des Verzichts auf eine Bewertung kann eine enorme Auswirkung darauf haben, wie wir Geräusche empfinden. Wenn wir es unterlassen, Geräusche als schlecht einzustufen, stellen wir möglicherweise fest, dass wir erheblich leichter zur Ruhe kommen, weil wir nicht länger von negativen Gefühlen abgelenkt werden, die mit bestimmten Geräuschen verbunden sind.

Als ich jünger war, hatte ich nachts manchmal Schlafprobleme. Das war besonders dann der Fall, wenn ich mich an einem fremden Ort aufhielt und etwa in einem Hotel übernachtete oder wenn Nachbarn bis in die frühen Morgenstunden hinein feierten. Als ich lernte, Geräusche nicht mehr zu bewerten, schien die dadurch ausgelöste Veränderung geradezu wundersam. Ich nahm das Geräusch noch wahr, aber es störte mich nicht mehr. Sobald ich damit aufhörte, mich über das Geräusch zu ärgern, konnte ich damit aufhören, mich darauf zu konzentrieren, sodass es mich nicht mehr länger wach hielt.

Wenn man sich an ein Ideal perfekter Stille klammert, führt das zwangsläufig zu Enttäuschung und Frustration, weil wir so einen Zustand niemals werden erreichen können. Wenn wir uns von diesem Ideal der Stille verabschieden und Geräusche nicht mehr in gut und schlecht unterteilen, eröffnet sich uns die Möglichkeit, uns mit einem erheblich tieferen Frieden zu verbinden.

ÜBUNG

Den Lärm erkunden

Begeben Sie sich an einen Ort, an dem Sie ein breites Spektrum unterschiedlicher Geräusche hören, aber eine Zeit lang ungestört sitzen können. Lauschen Sie ein paar Augenblicke lang, und versuchen Sie zu ermitteln, woher die Geräusche kommen. Wählen Sie ein Geräusch aus, das Sie normalerweise als angenehm empfinden. Konzentrieren Sie sich auf das Geräusch. Hören Sie seine Bandbreite und seine Intensität. Achten Sie, wenn das der Fall ist, darauf, wie das Geräusch an- und abschwillt. Untersuchen Sie es. Wenn Ihnen das hilft, malen Sie sich aus, auf welche Weise Sie das Geräusch in ein abstraktes Gemälde umsetzen könnten.

Suchen Sie sich jetzt ein anderes Geräusch aus, und zwar eins, das Sie normalerweise als unangenehm oder störend einstufen. Nehmen Sie sich etwas Zeit, dieses Geräusch ohne eine Bewertung zu erkunden. Schwillt es an und ab? Weist es eine Wechselwirkung mit den anderen Geräuschen auf? Welche Formen und Farben würden Sie verwenden, um es zu malen? Wechselt es seine Tonlage? Bleiben Sie bei dem Geräusch und erlauben Sie ihm, so zu sein, wie es ist.

Es sind nicht nur Geräusche, die wir gern als gut oder schlecht etikettieren. Wir kategorisieren vielmehr die meisten unserer Erfahrungen auf diese Weise. Wenn wir lernen, eine wertfreie Achtsamkeit in unsere Erfahrungen zu bringen, kann uns das dabei helfen, trotz der Herausforderungen, mit denen wir in unserem Leben konfrontiert werden, ein Gefühl innerer Ruhe zu bewahren.

Die Stimme in unserem Kopf beruhigen

Selbst im stillsten Raum und sogar in der tiefsten Nacht sind wir von Geräuschen umgeben. Das Interessante daran ist, dass wir nicht viel davon wahrnehmen. Als ich die gerade beschriebene Übung »Den Lärm erkunden« durchführte, um den in Hörweite befindlichen Lärm zu erforschen, musste ich erst einmal einige Minuten lauschen, bevor ich die vertrautesten und sich wiederholenden Geräusche im Hintergrund überhaupt wahrnahm – etwa meinen Atem, den durch das raschelnde Blattwerk der Büsche streichenden Wind oder das leise Surren von elektrischen Geräten.

Das ist ein recht häufiges Phänomen: Unser Gehirn ist – entwicklungsgeschichtlich bedingt – darauf geeicht, seine Aufmerksamkeit auf ganz bestimmte oder ungewöhnliche Geräusche zu lenken, die möglicherweise eine Gefahr anzeigen, und andere, vertrautere Geräusche nicht weiter zu beachten. Dadurch ist es uns möglich, uns auf die unmittelbar anliegenden Aufgaben zu konzentrieren. Wenn wir jedem einzelnen Geräusch das gleiche Gewicht beimessen würden, könnte es geschehen, dass wir jedes Mal, wenn ein Auto vorbeifährt, aus unserem Sitz hochschrecken.

Offenbar hören wir selektiv. Während wir uns zunehmend in eine bestimmte Sache vertiefen, beruhigen sich unsere Gedanken und werden weniger. Wir nehmen zugleich Geräusche und andere Reize weniger stark zur Kenntnis, bis wir sie so gut wie gar nicht mehr bemerken. Zweifellos vibrieren unsere Trommelfelle nach wie vor auf die gleiche Weise, doch unser Gehirn scheint die Schwingungen nicht mehr als Geräusche zu deuten. Das wirft einen interessanten Gedanken auf: Vielleicht ist es möglich, alle Geräusche um uns herum »auszuschalten« und nur der Stille zu lauschen.

Es ist leicht, in der Welt nach der Meinung der Welt zu leben; es ist in der Einsamkeit leicht, nach seiner eigenen zu leben; aber der große Mensch ist der, welcher inmitten der Menge, ohne zu streiten, die Unabhängigkeit der Einsamkeit zu bewahren weiß.

RALPH WALDO EMERSON:
Essays. Erster Teil

Dieser Plan, die Lautstärke von Geräuschen aus der Umwelt runterzudrehen, hat allerdings einen Haken: Es gibt noch ein weiteres Geräusch, mit dem wir fertig werden müssen. Das vielleicht unablässigste Gebrabbel kommt von der Stimme in unserem Kopf. Selbst wenn wir es geschafft haben, uns von unseren digitalen Geräten loszueisen, setzt diese innere Stimme einen ständigen inneren Monolog fort, indem sie das augenblickliche Geschehen erörtert, die Vergangenheit reflektiert oder sich mit Plänen für die Zukunft befasst. Manchmal beteiligt sich die Stimme auch an imaginären Unterhaltungen. Dann wieder liefert sie einen Augenzeugenbericht, der freundlich, aber auch schroff oder kritisch ausfallen kann.

Wir haben die Neigung, uns sehr stark mit dieser Stimme zu identifizieren, vor allem, wenn sie genauso klingt wie unsere Sprechstimme. Manche von uns mag es vielleicht sogar überraschen, dass wir solch eine innere Stimme haben. Ich selbst hatte bis vor ein paar Jahren keine Ahnung, dass ich eine habe. Ich dachte, diese Stimme wäre einfach, na ja … *ich selbst*. Ich dachte auch, dass alles, was diese Stimme sagte, richtig wäre – wobei ich nicht wirklich über diese Stimme nachdachte, sondern sie einfach bestimmen ließ, wo es langging. Weil ich so sehr an sie gewöhnt war, kam es mir nicht seltsam vor, dass sie immer wieder im Handumdrehen ihre Meinung änderte oder widersprüchlich auf Ereignisse reagierte.

Unsere Beziehung zu dieser inneren Stimme ist bei unserer Suche nach Stille außerordentlich wichtig. Die Art, wie wir mit dieser Stimme umgehen oder wie wir durch sie manipuliert werden, beeinflusst unsere Fähigkeit, mit uns selbst in Frieden und mit anderen in Harmonie zu leben.

Durch regelmäßige Meditationspraxis können wir beginnen, diese widerspenstige innere Stimme zu zähmen. Bei der Meditation, die ich im Unterkapitel »Der Atem als Anker der Achtsamkeitspraxis« beschrieben habe, verwenden wir den Atem als Meditationsobjekt. Der Geist nimmt sich immer etwas als Objekt, und bei dieser Übung lenken wir den Geist stets zum Atem zurück, sodass er dem Geist als Anker dient. Indem wir das immer wieder tun, beruhigt sich der Geist schließlich, und es tauchen weniger Gedanken auf.

Die Fähigkeit, unsere Aufmerksamkeit für die Dauer der Übung auf den Punkt zu richten, an dem der Luftzug des Atems unseren Körper beim Ein- und Ausatmen berührt, erfordert Konzentration, und genau das ist eine der zentralen Fähigkeiten, die wir durch Meditation üben. Statt überall hinzusausen, kann der Geist lernen, ein tieferes Interesse für die feinen Nuancen des Atems zu entwickeln. Dieser Zustand der ruhigen Konzentration kann sich erstaunlich angenehm anfühlen. Wir stellen vielleicht erstaunt fest, wie tief wir uns in diese Stille versenken können und wie außerordentlich wohltuend es sein kann, dem Atem zu folgen.

Ab und zu können ablenkende Gedanken Sie immer noch vom Atem wegführen, doch mit zunehmender Übung passiert das immer seltener, und Ihre Gedanken sind weniger hektisch und aufgewühlt. Die Abstände zwischen den Gedanken werden länger, und es kann Augenblicke geben, in denen die Stimme in Ihrem Kopf schweigt. Fortgeschrittene Meditierende haben berichtet, dass Körper und Geist in Stadien sehr tiefer Meditation so vollständig still sind, dass sogar die Atmung aussetzen kann.

Wenn wir Achtsamkeit zusammen mit Konzentration und Ruhe entwickeln, kann uns das helfen, unseren Geist bewusst zu lenken. Wie in der Übung zur Erkundung des Lärms ausgeführt, sind wir mit zunehmender Erfahrung dazu imstande, uns willentlich auf unterschiedliche Geräusche innerhalb eines bestimmten Spektrums zu konzentrieren oder sogar zu beschließen, unsere Aufmerksamkeit auf gar kein Geräusch mehr zu richten. Diese Fähigkeit kann uns bei der Suche nach Ruhe wunderbare Möglichkeiten erschließen. Wenn wir in der Lage sind, Geräusche auf Wunsch auszublenden, können wir überall und jederzeit Stille erleben.

Wenn wir die ersten vertrauten Anflüge von Langeweile verspüren und dann nicht zum Mobiltelefon greifen und auch darauf verzichten, etwas zu essen, shoppen zu gehen oder uns durchs Internet zu klicken, sondern uns stattdessen auf unseren Atem konzentrieren, können wir damit beginnen, jeden

Augenblick vollständiger zu durchdringen. Auf diese Weise finden wir unsere eigene Stille – eine Stille, die immer zur Verfügung steht. Wenn wir diese Augenblicke begrüßen und sie still auskosten, kann es uns gelingen, mit unserem wahren Wesen in Kontakt zu treten. Nur wenn wir es schaffen, uns von den Ablenkungen zu lösen, kann sich diese Leere offenbaren – und diese Leere ist es, in der wir einen tieferen Sinn finden können.

»Das Beste in der Welt ist das Wissen,
wie man sich selbst gehört.«

MICHEL DE MONTAIGNE: *Essays*

Schlussgedanken

Dieses Buch beschreibt, was Stille ist, was sie für uns bedeutet und wie wir es schaffen können, sie zu finden. Als Vorstellung ist Stille verlockend, und ohne auch nur richtig über ihre Bedeutung nachzudenken, wissen wir, dass wir sie brauchen. Wir haben erkannt, dass wir in einem nie endenden Kreislauf von Kommunikation, Reizüberflutung und Konsum gefangen sind. Intuitiv wissen wir, dass *mehr vom selben* die Problematik nicht löst. Wir brauchen etwas Radikales, nämlich *weniger*. Vielleicht ist sogar *nichts* das, was wir wirklich benötigen.

Doch die Suche nach dem Nichts erfordert einen gravierenden Wechsel unserer gewohnten Art zu denken und zu sein. So sehr uns das auch gefallen würde – wir können es nicht einfach online kaufen oder durch den Besuch eines Kurses erwerben. Raum für das Nichts zu schaffen verlangt einen dramatischen Wandel unserer gesamten Grundhaltung.

Wir können in kleinen Schritten damit beginnen, die Stille in unser Leben zu integrieren. In diesem

Buch habe ich beschrieben, wie wir Stille in den Aktivitäten finden können, denen wir nachgehen. Ebenso wie das Phänomen, dass wir vielleicht ungewollt die Stille durch unseren vollgepackten Terminkalender verdrängen, und wie wir das beheben können. Wir haben den Frieden angesprochen, der in der Natur und in der Einsamkeit bestimmter Orte zu finden ist; ferner, wie Schweigen in einer erfolgreichen Kommunikation eingesetzt werden kann und wann Schweigen möglicherweise Unbehagen erzeugt.

Die vielleicht wichtigste Frage dieses Buches lautet: *Wie weit müssen wir wirklich gehen, um Frieden und Ruhe zu finden?* Im letzten Abschnitt dieses Buches habe ich Konzepte vorgestellt, wie man ein Gefühl innerer Ruhe und Stille erreichen kann, und Vorschläge unterbreitet, wie man Stille durch mehr Achtsamkeit fördern und dadurch seinen Geist beruhigen kann. Schließlich haben wir beleuchtet, dass Stille genau hier ist, in unserer Reichweite, wenn wir nach ihr greifen wollen. Stille ist kein Ort, an den wir gehen müssen, oder eine Zeit, die niemals eintritt. Sie ist ein Ziel, das wir jederzeit anstreben können.

Weil sich Stille so sehr von allem anderen unterscheidet, kann es einen tief greifenden Wandel zur Folge haben, wenn wir mehr von ihr in unser Leben einladen. Stille steht für Nichtvorhandensein. Sie peinigt uns teilweise, weil sie offenkundig alles zurückweist, wofür unsere moderne Konsumgesellschaft steht. Bei Stille geht es um Unterlassen und Verzicht; darum, Nein zu sagen. Es geht ums Warten, Beobachten und Zuhören. Das sind gewagte Gedanken in unserer modernen Welt, die normalerweise Handeln, Entscheiden, Zweckmäßigkeit und Unmittelbarkeit hochhält.

Das Bekenntnis zur Stille schließt mit ein, Ablenkungen zu reduzieren und Reizüberflutung zu vermeiden. Es gibt nichts mehr, wohinter wir uns verstecken oder in das wir abtauchen könnten. Wenn wir uns auf Stille einlassen, sind wir auf uns selbst zurückgeworfen. Wir fühlen uns nicht immer wohl damit. Viele Menschen finden Stille einschüchternd und verspüren den Drang, sie zu füllen – entweder durch sich selbst, durch andere oder durch irgendwelchen Trubel.

Noch eine Anmerkung zur Neugier gegenüber diesem Unbehagen: Es ist, als würden wir uns dagegen wehren herauszufinden, wer wir wirklich sind. Vielleicht haben wir Angst vor dem, was wir entdecken. Viele von uns fürchten auch, sich zu langweilen. Wir stellen uns vor, dass wir Langeweile unerträglich finden, und ohne auch nur darüber nachzudenken, greifen wir möglicherweise zu Extremen, um jeden noch so kleinen Augenblick zu füllen, der uns in die Gefahr bringen könnte, unbeschäftigt zu sein.

Stille zu praktizieren ist ein Weg zu lernen, wie wir uns mit uns selbst behaglicher fühlen können. Je mehr wir von uns wissen und je besser wir uns verstehen, desto eher sind wir dazu imstande, mit uns zu arbeiten und ein produktives, positives Leben zu führen. Wenn wir nicht immer sofort losspringen, um die Pausen zu füllen, können wir in einer bedachteren Weise Entscheidungen treffen, denken und handeln.

Stille bietet uns eine Gelegenheit, die sich von jeder anderen unterscheidet. Sie verschafft uns den Raum, um im Augenblick zu leben und uns mit der Welt zu verbinden, die uns umgibt. Dieser Raum ermöglicht es dem Kern unseres Wesens, an die Oberfläche zu kommen.

Jetzt höre ich auf, mich weiter über Stille auszulassen. Wie intelligent oder wohlüberlegt ich meine Worte auch setzen mag – sie können letztlich nicht wiedergeben, was Stille bedeutet. Stille ist etwas, das wir selbst erleben müssen. Letztlich müssen wir uns von allen Erläuterungen und Anleitungen lösen und – ähnlich wie der Perlentaucher, der ins Wasser gleitet – auf die Wortlosigkeit vertrauen und in ihre Tiefe eintauchen …